你不知道的育儿之秘系列

你知道孩子的26种感觉吗？

[德]乌多·贝尔 Udo Baer
加布里埃莱·弗里克-贝尔
Gabriele Frick-Baer 著
张晶 译

西苑出版社
·北京·

绿色印刷 保护环境 爱护健康

亲爱的读者朋友：

本书已入选“北京市绿色印刷工程——优秀出版物绿色印刷示范项目”。它采用绿色印刷标准印制，在封底印有“绿色印刷产品”标志。

按照国家环境标准（HJ2503-2011）《环境标志产品技术要求 印刷 第一部分：平版印刷》，本书选用环保型纸张、油墨、胶水等原辅材料，生产过程注重节能减排，印刷产品符合人体健康要求。

选择绿色印刷图书，畅享环保健康阅读！

北京市绿色印刷工程

Wie Kinder fühlen by Udo Baer & Gabriele Frick-Baer

版权代理：北京华德星际文化传媒有限公司

著作权合同登记号 图字：01-2019-7556

图书在版编目（CIP）数据

你知道孩子的 26 种感觉吗？/（德）乌多·贝尔，（德）加布里埃利·弗里克－贝尔著；张晶译．-- 北京：西苑出版社，2018.3

ISBN 978-7-5151-0632-8

Ⅰ．①你… Ⅱ．①乌… ②加… ③张… Ⅲ．①儿童教育—家庭教育 Ⅳ．① G782

中国版本图书馆 CIP 数据核字 (2017) 第 286230 号

你知道孩子的 26 种感觉吗？
NI ZHIDAO HAIZI DE 26 ZHONG GANJUE MA？

出版发行：西苑出版社
通讯地址：北京市朝阳区和平街 11 区 37 号楼 邮政编码：100013
电　　话：010-88636419
印　　刷：天津奥丰特印刷有限公司
经　　销：全国新华书店
开　　本：880 毫米 ×1230 毫米 1/32
字　　数：65 千字
印　　张：3.5
版　　次：2020年1月第1版
印　　次：2020年1月第1次印刷
书　　号：ISBN 978-7-5151-0632-8
定　　价：29.80 元

序　言

拥有幸福的人生，是每一位做父母的对初生的孩子最殷切的祝福与期望，而在成长过程中所发展出来的健康的身心以及健全的人格，将会为幸福人生奠定坚实的基础。

可是在育儿过程中，我们因为不了解而常常误读孩子发出的信号，因而提出的解决方案会在一定程度上影响孩子的发展。例如：对于婴儿的哭泣，成人常常会按照自己的理解给他们贴上“不乖”、故意捣乱的标签。但其实真相很简单，只是因为孩子饿了，困了，尿了。我们会因为不了解孩子而简单轻率地对待他们，因此导致他们错过了许多关键发展的阶段。

我二十来岁的时候，住在对门的阿姨是一位著名作家，她有很多出国、出省交流访问的机会。她家有两个孩子，大的十来岁，小的一两岁。每次出去她却选择尽量带大的孩子。一次闲聊中，她说：“小的孩子这个年纪懂什么？带她出去，她又看不懂、记不住，挺浪费的。”这里要特别说明下，这个阿姨并非重男轻女，大的男孩并非他亲生，小的女孩才是亲生的闺女。虽然我记忆力不太好，可大概源于对这位阿姨的崇拜，她的这个观点却已深入我心。等到我有孩子的时候，这句话重又浮现在脑海中，不同的是，我开始重新审视它。

初为人母的我，仔细观察着怀中这个不会说话、行动有限的婴儿，我迫切的想知道，面对这个未知的世界，在每一分一秒的时光流转中，他的内在到底发生了什么？我们这些“代际遗传”的传统的育儿经验和方法，哪些是在帮助他，而哪些却成为他发展的障碍？除了这些，我还需要为他做些什么？我还需要更多的了解些什么？为了这个被我懵懵懂懂地带到世界的小生命，我愿意倾尽全力，担负起这份被命运赋予的责任。但我更希望，我能够拥有正确的方式。

想必有缘读到这的父母都是源于同样的想法，我想这个系列丛书也不会辜负你们这趟阅读的旅程。这套书是我三年前就从德国的众多育儿书籍中发现并决定引进的，我对幼教图书的要求非常明确：它既不能是枯燥晦涩的理论说教，更不能是那种特殊极端的“牛娃”养成经验谈。在我看来，作者一定要有医学、教育学、心理等专业研究背景，文章要有大量的实践为基础，结论是有数据支撑的研究结果。而这套书籍就具备了这样的特点，它们的每一个观点都是建立在多年严谨的研究之上，都有着精确的数据和客观的实例支撑，是一套集医学、现代教育学、心理学、社会学为一体的育儿体系。

近十年的学前教育从业经验，让我有机会看到家长们和我当年相似的焦虑，更加深入地了解到了父母们真正的需求。但是图书出版市场上的育儿类书籍鱼龙混杂，作为一位有着八年出版经验的出版人以及实体学前教育机构的实际运营者，有责任为父母挑选更科学、更专业的育儿读物。这套书籍不仅提供给爸妈们可操作性的实用育儿方法，更从宝宝身心发展的各个层面深度剖析，将宝宝所呈现出来的行为、情绪等问题的原因以深入浅出的方式描述出来。

希望这套书没有辜负你们的期待，希望我们能够有机会继续帮助天下所有初为人母（父）的你们。

乔吟

2019 年 9 月 9 日

前　言

对于“宝宝是有许多感觉的”，你可能会说，这是件众所周知的事情。在不计其数的儿童研究专业文献中，有很多类似的研究内容和成果。对许多人而言，致力于研究宝宝的行为、宝宝的各种问题，尤其是那些他们给父母或者教育者带来的问题，是一件尤为值得关心的事情。因此，他们认真并专注地从陷入瓶颈的教育结构中提出建议和解决办法，同时也思考并研究那些改变宝宝行为的第三方干预因素。但是，就我们看来，公众对于宝宝的感受，尤其是宝宝如何获得感受这件事则关注过少。我们想要稍微填补这一空缺。这是我们热切关注的事情。因为，我们在治疗成年人的过程中，经常听到他们讲述自己童年时期的感觉被忽视以及他们为此遭受了多大的痛苦。在治疗儿童的过程中，我们了解到，宝宝展示出的情感经常会扑空，也就是说，他们表现出情绪上的波动，但却得不到任何回应，或者得到不恰当的回应，因此往往不得不灰心地完全放弃表达自己的情绪。许多年轻的当事人根本不表达他们的感情，又或者，他们完全得不到与自己一起生活的成年人的理解。如果我们回顾一下自己宝宝的故事，一系列的画面便会浮现。在那些画面中，宝宝的情感表达深深地触动着我们，并影响着我们共度的时光——我们回想起那些我们没有或不完全理解宝宝感受的场景，那些让我们不安、不知所措的场景，也想起那些我们被自己的情绪蒙上双眼，从而没有察觉到宝宝情绪的场景。几乎所有的宝宝都会有一个“嬉嬉闹闹”或至少是丰富多彩的、充满感情的生活，遗憾的是，我们成年人往往难以进入这种生活。

过往的一切经验都提供了足够的理由，让我们在研究不同感觉的系列感觉库中找到一本书，重点研究宝宝的感觉。尽管许多感觉的表达看起来相似，对于我们成年人是“熟悉的”，但宝宝的情感世界充满了独特之处，我们不能将其与成年人的情感世界相提并论。宝宝处于发展之中，他们每天都在学习，也学着去感受，并以他们自己的方式表达这些感受。除了这种情形，即宝宝相比于成年人而言更多地处于人生最为快速的发展过程之中，他们从外界学习吸收，同时也练习如何去感觉并表达他们的感受。另外，较之成年人，宝宝还存在另一种重要的区别：宝宝的活动空间和选择的可能性均少于成年人。他们无法选择自己的居住地，也无法选择与之共同生活的人。若父母中的一方使他们感到害怕，他们也无法“换掉”他。原则上来说，成年人是可以离开他们的伙伴并寻找新伙伴的，宝宝们却不能。

我们想探究宝宝获得感觉的几个特点。为此，我们选择了 26 种我们想要着重加以了解的感觉及其情绪感受。这还不够。我们想要给予读者一些能够与自身经验相联系的，以及我们希望能打开理解之门的启发与建议。心理学领域书库中的不同书册对儿童与青少年获得感觉的特点作了更为准确且精细的研究。

接下来的几章中，我们将阐述相关背景及其关系。首先，我们将用一章的内容介绍宝宝如何有感情地学习。我们将介绍现在大脑研究的结果中涉及的感觉对于宝宝发展的意义。至于宝宝的感觉以及表达感觉的方式是怎样的，我们将在另一章中加以阐述。最后一章的主题是，成年人能够从正在获得感觉的宝宝身上学到些什么。

我们最终总结出了五个论点来说明正在获得感觉的宝宝需要什么，还有另外的五个论点来说明成年人在处理宝宝的感觉时需要些什么。这些是我们作为父母、教育家和医师根据自身的经验所总结出来的论点。在此我们不要求面面俱到，而是总结出对我们而言最为重要的内容。我们希望自己对你而言绝不是“自以为学识更丰富之人”或“自认为做得更好之人”。我们只是想要给出一些启发，并努力促使我们自己和你去关注宝宝感觉世界的意义。

所有这些均以不同的经验作为基础，尤其是那些我们与自己宝宝相处的经验和那些我们在治疗儿童及青少年的工作中所获得的经验。对我们而言同样重要的还有那些成年人的经验，这些与我们的治疗工作和培训有关，也获知了他们童年时代的感觉。因为，所有的成年人最终也都是儿童感觉的“专家”，或至少是这样的：我们每一个成年人都曾有一个童年，我们都有自己在孩童时代如何获得感觉的经验，也都了解当时自己在感觉上需要什么以及不需要什么。可惜这些经验往往被淹没或搁置在了某个地方。当这些经验在研讨课上或治疗过程中被再次激活并被进一步研究时，它们可成为理解和解决儿童和青少年在感觉方面的问题的源泉。

我们不知道你是出于何种兴趣来阅读这本书的。或许你已为人父母，因此想要更多地理解你的宝宝的感觉以便更好地与之相处；又或者你是一位治疗医师，因此想要从中找到一些对你专业工作领域的启发。在这两种情况下，与宝宝有关的情境都将在阅读过程中出现在你眼前，而且你自己童年时代的一个或多个情境也一定会被唤起。所有这些经验都值得被重视。

目　录

1

孩子的 26 种感觉

宝宝都会有些什么样的情绪感受？

他们是如何感觉的？

这些感受对他们的发展都有些什么意义？

1.1 爱

宝宝有爱。这无关年龄。

当人们仔细观察并向宝宝敞开心扉时，宝宝的爱是可以被看到的，也是可以被感觉到的。一个婴儿的爱是显而易见的：向正在哺乳的母亲投以坦诚的目光并注视着她，当爱的人转过头去时，他会不开心；他受到照顾且亲密无间时焕发出的愉悦感。成年人很少能完全像一个小宝宝那样依偎在那个自己喜欢且对自己而言熟悉的人身边。

宝宝长大以后，他们往往会通过**送礼物**表达自己的爱，或者更确切地说，在准备礼物的过程中表达爱意。因此，兄弟姐妹们会窃窃私语，他们会存钱、反复权衡之后列出一份商品清单，然后，他们会独自去往商场——送给母亲一台电动的橙汁榨汁机以表达他们内心的爱。母亲义务性地微笑，因为地下室里有两台这样的榨汁机且已经坏掉了。事实上，对她而言，这个礼物只是又一件，或者说是多余的一件家居用品。但她注意到，这个礼物的背后蕴藏着更多的含义，她能够了解这些背后的“秘密的”准备工作并体会到这个礼物对孩子而言是至关重要的。重要的特别之处在于，当母亲为孩子榨出一杯橙汁时，他们是很高兴的。他们为自己爱的表达所产生的力量感到惊奇，也为母亲用双手榨出果汁来表达对他们的爱而有了共鸣。也就是说，他们想要为母亲做些有益的事情，想要减轻母亲的负担并由此展示他们的爱。因此，这个礼物对母亲而言也是重要的，最初那义务性的微笑也由此成了一种充满爱的、喜悦的表达。

青春期或此后的阶段中，即使孩子们外在发生改变，甚至有时需要人们使用望远镜或者放大镜才能认出他们，但孩子们对于父母的爱却往往没有消失。当然，也许这时随着社交圈的扩大，他们首先将爱给予了朋友们。但当孩子们对其他人谈及自己的父母时，爱在这时又闪耀出了微光。他们经常说出那些他们面对父母不会直接说出的话语，因为这可能有点“幼稚”。爱始终就在那里，只是以另一种方式，有时是害羞的，有时是被隐藏起来的，常常会通过如下方式表现：青少年在其他人面前为自己的父母说好话或暗示父母自己为他们而感到自豪。

宝宝有爱。狂热的爱。

幼儿园里通常有些友谊，它们远远超越了普通意义上人们对于友谊的理解，更多地包含了狂热的爱。此前，对于泰迪熊或心爱的木偶的爱已经初显狂热的趋向——当泰迪熊被清洗、闻起来不再是最初的味道，或者成年人认为它已经变旧或被损坏，于是便扔了它时，孩子们会感到伤心难过。后来，这种狂热的爱转移到其他人身上，例如小学教师或一个足球协会、口袋妖怪的图片、曼加斯或特定的乐队。无论整个房间是否贴满了安娜塔西亚的图片，无论他们年纪是否爱上了马或者豚鼠，又或是爱上了足球明星莱昂安多或贝克汉姆——他们做这些事情时始终是全身心投入的。他们付出了真心，狂热且完整。可惜的是，这种狂热的爱在孩子身上经常被忽视，没有得到足够的重视。狂热的爱就是这样，它不是一种怪癖，不是异想天开或一味地崇拜。它不能忍受任何嘲笑。

宝宝有爱。无条件的爱。

举一个极致的案例：十一岁的小女孩露西亚被她的父亲殴打并幽禁起来——但当父亲面对法律严惩时，她原谅了父亲，并保护他“不受到任何的伤害”。因为，他是她的父亲，并且她是爱他的。孩子的爱是无条件的、持续不断并且坚忍不拔的。孩子的爱不该被暴力、无知、歧视、无视或毫无希望的过度负担完全摧毁。即使成年人因为在童年时代遭受到来自父母一方的伤害而感到愤怒和绝望，即使爱似乎明显变成了恨，但这份爱依然存在——这在旁观者看来至少是令人惊讶或者几乎完全无法理解，也不愿去接受和认可的事情——孩子的爱在遭受蹂躏之后会剩下一部分。这种爱是作为孩子身份的一部分存在的，需要被认可和尊重。他们在那些曾使其遭受重大伤害的人面前仍能保持活力，这体现了他们的生命力以及与生俱来的无条件的爱。

宝宝有爱。无私的爱。

他们偶尔会在一些成年人面前表现得像一个消耗爱与关注力的、不知感恩的坏小孩。有时，尤其是双亲家庭的孩子似乎会放弃去做这些事情。但倘若孩子的爱没有被淹没、被忽视或使其感到羞愧，那么这种爱便始终存在一种奉献性，相对于孩子自身而言，他们更加关注父母亲的身体安康以及他们最爱的人。

孩子的爱的无私性与他们的无条件性密切相关，也往往与其自身有关。常常由于他们太过于信任别人，所以爱便盲目了。原则上来说，孩子具备懂得其自身与所爱之人、设身处地为所爱之人着想、理解他们、认可他们并原谅他们的能力和意愿。他们能够感受到所爱之人的期望（尽管此处可能或多或少产生高错误率），并有意愿去实现这些期望。无私的爱对孩子而言是如此的自然而然，这是他们内心世界如此波澜不惊的一部分，以至于它们极少会被发现或被展现出来。孩子的爱极易被成年人忽视、听而不闻或置之不理，有时要等到孩子们成年之后重新回过头去看的时候，他们才能“解锁”这些无私的爱。

孩子的爱或他们爱的方式经常被嘲笑。这种爱不该得到如此对待，它值得被注意和尊重。

1.2 过错和责任感

一位父亲坐在起居室的桌子旁，和他八岁大的儿子在谈话。孩子的父母离异已有四周之久，父亲也搬进了一间新的房子。父亲感到很惊讶，他的儿子承受分离的能力竟如此之强，他也很高兴，儿子能自豪地向其他人展示自己新的儿童房，也似乎很喜欢和他待在一起。他们喝了一杯可可。父亲问儿子对于父母离异的感受。儿子首先说，他认为现在拥有两间儿童房是一件很棒的事情，并且觉得能够交替地与父亲或母亲住在一起也很不错。学校里大多数同学的父母都离异了，他们中的大多数只能与父母中的一方有联系。但儿子接下来又说到的一些事情，令父亲感到很惊讶，以至于几乎打翻了可可。儿子极为认真且肯定地说，他知道自己应为父母的离异负起责任，数周以来，他也做了许多事，希望他们能够复合。尽管父亲对儿子有着深厚的感情，但对于孩子所表达的以上内容却没能真正地理解。这并不奇怪，因为孩子的责任感首先是一种极为秘密的感觉。

当孩子的生活中出现了一些深刻的、他们无法解释的事情时，对于这些从天而降的事情的体验，让他们自发觉得，他们要为此负责。孩子的这种责任感与有些非洲或印度部落的信仰类似：如果雨停了，那么责任在于，对诸神的祭祀过少或部落首领的生活作风引起了雨神的不满。在我们的文化环境中，每一代在成长过程中都被灌输一种观点，即如果宝宝今天“吃光了”盘子里的食物，那么明天的阳光便会很灿烂。这两者之间的联系在逻辑上难以被理解，但从情感逻辑角度来看却很有意义，并且是自然而然的事情。雷雨天气时，如果我紧紧抱住自己的头部，便不会被闪电击中；如果我打扫自己的卧室，便会取得好成绩；如果我对弟弟友好一点，那么妈妈便会很快恢复健康……

在治疗过程中，我们了解到了一些东西，也从许多孩子和成年人那里听闻了一些事情：孩子对那些“降临”到他们头上的东西有一种责任感，他们尝试着做出某些行为让自己负起这种责任，例如变得“特别乖”、将玩具放到架子上、将洗碗机中的餐盘清理干净、每一餐都不浪费粮食、在学校经常举手发言，等等。成年以后，他们往往还为自己孩童时代如此精力充沛而感到震惊：为了弥补这种责任感，还有什么是我不需要做的——我还有什么事情没做！

宝宝的责任感往往会导致他们有一种**负罪感**。一个孩子的姐姐或妹妹去世了，那么他在很多年内都觉得自己该为此事负责，因为姐姐或妹妹死去的那瞬间他在室外玩耍。

长篇和短篇小说中全是这样的故事：孤零零的孩子如何在自己身上寻找那份对于逝者的负罪感。短篇小说《伊卜拉希姆先生和古兰经之花》（施密特，2003 年）中也如此写道：“我是不会承认自己孤零零被留下的这件事的。两次被抛下，第一次是出生之后母亲的离家出走，第二次则是成年之后父亲的离开……在我身上还有什么更令人难受的事情吗？在我身上只有无法为人所爱这件事吗？”（第 51 页）美国作家安妮 · 普鲁的《船讯》中，一个孤零零的少年承担起父母一方离开家庭的责任，并且他确信是自己的无趣造成了父母的离异。

这里也说到了理解力逻辑：这是错误的，甚至是疯狂的。在感觉逻辑中，这些联系是显而易见的。有多少孩子认为父母的离异是自己的原因造成的！有多少孩子认为自己该对至亲的死亡、病危或遭遇的其他不幸事故而承担责任！又有多少孩子认为父母“一团糟的生活”与自己有关！他们感觉到或者结合各种迹象，想方设法总结出一件事，即他们的存在曾经或现在是不受欢迎的，又或者他们的父母只是“因为他们”才生活在一起。他们对于父母没有过上自己原本想要的生活感到负罪。这一负罪感顽强而又持久，几年甚至几十年都依然存在，并影响着他们的人生。

有两种行为模式有助于消除这些负罪感：**坦白**和**解释责任**。上面提到过的少年的父亲做了唯一一件正确的事情，即向儿子解释自己婚姻失败的原因：他们之所以不能也不想要再继续生活在一起的原因虽然并不全是由他自己造成的，但很大程度上是由于他自身以及他与前妻的关系。这种解释并不是如同在“清洗脏衣服”或“拉拢”某人从而为自己“辩护”。这是在向这一情境或类似情境中的孩子们解释一件事，爱情有时候并不足以成为两个人共同生活的原因。同时也解释了，夫妇分居或离异也是件好事，这样才不会再伤害到彼此，也不会构建或维持一种难以忍受的紧张关系。当一些对孩子而言意义重大的事情得不到解释时，他们便会产生一种负罪或责任感。换言之，他们需要一个解释或一种透明度。那些已经发生的事情应该以任何一种在孩子的世界中可能的方式被他们所理解。

消除孩子的负罪感，包含两句话：

① “你没有错。”

即使是在孩子沉默且没有要求对方说出这句话时，这句话也必须说出来。孩子的负罪感与他们的责任感一样，都是一种秘而不宣之感。只有在特殊情况下人们才能发现这一感觉。因此，即使在没有外部迹象显现出来的情况下，成年人也应考虑到孩子的这一感觉，并提前告知孩子他并没有过错。当一个与孩子较为亲近的人去世时，当父母离异时，当有人生病时……“你没有错！”这句话最好是顺带着说出来的，但也要认真且重复表达。当孩子变得“奇怪”“沮丧”“惊恐”或“在感情上受到打击”，追踪其内心深处的负罪感往往是很有帮助的。

②“我，这个成年人来承担责任。”

孩子也准备好承担责任是一件令人惊奇的事情。这种责任感应该在有些时候和可以被他们承担的情况下得到一定的支持。但孩子的责任和成年人的有所不同。当孩子必须为那些他们无力承担责任的事情负责时，他们的责任感便会转化为负罪感。

家人应该住在哪里，母亲是否能够找到一份新的工作，一起生活的新伙伴是否是那个对的人……让八至十二岁的孩子去做出这些决定，是一种没有指望的过度负荷，它在孩子身上留下深刻的感受，例如，他必须早早地长大，他没有能力做这些事情，他失败了，等等，简而言之就是：他失去了自己。听取孩子的意见、认真看待他们的感觉和感受并给予他们空间是很重要的。与孩子保持交流并告诉他们有哪方面的责任有待他们去承担也是很重要的。同时，成年人也必须让他们知道自己在哪方面没有责任也无须承担责任。成年人共同生活的相关责任是我们成年人的事情。为孩子的生活状态负责也是成年人的事情。只有当成年人公开地说出这些责任并承担了相应的责任，孩子们才能释放自己。

1.3 归属和友谊

“你属于谁？” 这一问题今天很少被问到，因此它已经过时了。但对孩子的感情生活而言，回答这一问题很重要。

七岁的玛丽斯属于她的家庭。虽然她有时会很生气，或感到悲伤，她偶尔会觉得自己被遗弃或认为这样那样的行为不公平。但快乐、爱和安全感就像日常生活中发生的小摩擦和忧虑一样，深深影响着她的生活。她属于这个家，属于这个大家一起吃饭、一起去度假的家，但这个家里的每个人却都有着各自独立的活动空间。她属于这个家，这是理所当然的，不需要对此过多地谈论，也不需要知道“**归属**”这个词或将其挂在嘴边。

玛丽斯也属于她的朋友特蕾莎，她们一起“同甘共苦”，从上幼儿园第一天起便是如此。正如人们所描述的玛丽斯和特蕾莎之间的内在关系：她们的友谊和爱是同等的，她们属于彼此。

十二岁的迈克以前属于他的家，而现在，他的足球协会才是最重要的。教练对他而言更重要，胜于他的家庭和老师们。相比于父母，他更“听”教练的话。队友是他的朋友，他更属于队友，与他们的来往也比学校里的同学们和他的家人们更为密切。这一归属显而易见：只要被允许，他便会戴上协会的帽子，他的练习本也被贴上了协会的标签。他的床头上方挂了一张足球海报，他的书包和笔都是蓝色的，与协会的颜色一样。

大他三岁的姐姐属于哥特式风格：黑色的头发、黑色的衣服、黑暗又压抑的音乐……

归属对于孩子的身份认同是很重要的。孩子通过了解、感觉和

体验他属于谁这一过程来回答“我是谁？”的问题。对玛丽斯、迈克和他的姐姐而言，归属是自然而然的事情，这里不必多说。青春期及其后期，归属通常有一种指示性的表达，即想要脱离家庭的一种显著标志。为了摆脱儿童时代的归属，他们频繁地寻找那些清晰明了的可替代性标志。能够立即替代归属的并非个性。从原来的归属中转换到另一个集体，到一个政治、宗教或运动团体，到一种特定的音乐和主流文化拥护者的群体或其他类似组织中，这几乎都需要一个过渡时期。

然而，除了青少年时期的标志，在归属的内部存在着某些自然而然的东西。这种自然而然的东西很少是具体的感觉，大部分是一种感觉的基础，**安全感**和**幸福感**可在此基础上日益增强。尤其当这种归属受到损害或丢失后，其巨大的情感上的重要性才会显露出来。当孩子被驱逐、被抛弃或者被出卖时，这种归属可能会丢失。当孩子长期被忽视或他们的情绪波动和努力得不到回应时，这种归属会变得脆弱不堪或最终消失殆尽。有时，若孩子与周围环境中的大多数人不同，例如更聪明，或许更具天赋、更敏感、更慢或更容易情绪激动，这种归属也可能受到损害。然后，这些孩子便会在其他人、其他团体、其他生命体，也经常会在一只动物那里寻求归属感。

感觉不到归属会产生一系列的后果。“反正我什么都不懂！”——每一个孩子都必然会在某个时刻经历这种心情。若他们明确并坚定地认为，他们没有了归属，那么一种基本的感觉便会由此而产生，即他们觉得自己被抛弃了。有多少孩子认为自己是陌生的？我们又有多少次在治疗过程中听到成年人讲述他们童年时代的经历？他们认为，自己在出生时一定是被人调换了，因为所有的一切都证明他们并不属于他们生活的那个家！我们经常听到孩子们明确地说出这句话："我错了。"我们经常听到我们意料之中的情况，即孩子每次跑开都知道：跑开的人就已经被抛弃了。"不属于此""被丢下"往往在孩子感到压力时体现出来。这种内在的压力往往与一种不安、不稳定有关，就像仓鼠被迫跑轮子、在逃亡路上或持续不断地寻找着某些无法叫出名字的东西一样。

改善方法

① 对于孩子感到被抛弃、感到没有归属并遭受某种痛苦这件事，必须给予关注并时刻清醒地观察，以及时察觉并认真对待。

② 认真并可靠地提供一种归属或与孩子共同找出他们想要的归属之处和归属方式。归属往往是被逼迫的（"你应该回家""你应该待在家里"）——这是一件极为不合理的事情，因为问题看起来只是以外部视角，并且只是在责任者的感知中被看待，而不是在孩子或青少年的经历中被解决的。

③ 为了使孩子能够拥有归属感，找出他们需要什么才是最有帮助的！

1.4 自豪感

“你千万不要因此而骄傲。不要感到如此自豪。”

这句话已经伤害了许多孩子（和成年人）。因为，这句话通常“给孩子浇了一头冷水”。它一方面阻碍了孩子想要优于其他人、将他们比下去的愿望的实现。另一方面，受人鼓舞和赏识的自豪感，学会做某些事情、已经达成某些目标或戒除了某些事情的自豪感也由此被抹杀。当一个成年人对自己戒了烟而感到自豪时——这种自豪感的对立面是什么呢？数学考试的成绩从不及格进步到了良好，或者成功地独自整理并打扫了儿童房——为何不能对此感到自豪？

当成年人被问及他们童年时期自豪的事情是什么时，大多数人必须思考良久。他们不会自发地想到这些，因为他们的**自豪感**极少得到重视，也不被允许占据太多的空间。对那些我们问及同样问题的孩子而言，他们想到了某些事情，但并不多，太多的孩子不敢表达出来。如果一个孩子针对该问题回忆不起任何事情，那么这可能标志着他的个性受到了影响。大多数孩子不好意思大声说出他们为之自豪的事情，这表明，他们的自豪感已经退回到了一个秘密的领域，因为没有人重视它，它也引不起任何人的兴趣。其实，孩子们秘密或公开地会对一些事情感到自豪，例如：他们为举行了一场“王子与勇士的集会”而感到自豪，为他们能够跑得很快或踢足球时成功射门而感到自豪，也为他们能够很好地学会编织或挑选了一件令母亲高兴的礼物而感到自豪。为父亲和母亲自豪，也为着装和好成绩自豪。在所有这些自豪中，人们总是可以与其他的自豪做一个对比，即每一种自豪中都包含一种自我鼓励和让自己变得更强大的成分。当我们捍卫自豪感时，便会出现自我鼓励。因为我们经常遇到那些不得不屈服或丧失勇气的孩子，他们只能在屈服中迈开自己人生的步伐。孩子们必须能够变得正直，他们应该鼓励自己成为不屈不挠的人，并保持这份正直和坚定。

自我鼓励绝不意味着贬低或小看他人。与此相反，我们观察到，那些能够自我鼓励并在其中表现得很自然的孩子（和成年人）也对其他人的正直行为和坦率抱有尊重的态度。能够自我鼓励的人没有必要去贬低他人。

许多父母有一个怪癖：他们为自己的孩子感到自豪，但他们却不会将这种自豪感表现出来。十四岁的尤勒在一次为时一小时的治疗中讲述了一件让自己十分震撼的事情，即她从邻居家的女孩那里得知自己的父亲有多么为女儿感到自豪。“为什么他不跟我说这些？为什么我就听不到这样的话呢？为什么在我身上只有挑剔和批评？”许多孩子和尤勒的经历相同。他们的父母秉承着老一辈人流传下来的观念，即不能向孩子展示他们的自豪感，只有这样，孩子们才不会骄傲自大或“被娇养”。事实却正好相反。**孩子的能力、成绩、技能等需要得到重视。**孩子们需要镜子，真诚而又真实的镜子。自豪也需要镜子，这两种镜子之间是有区别的。

一位临床医师说：“我完全不知道自己能够对什么感到自豪。我也不知道自己哪里做得好，哪里做得不好。年幼时，我做的所有事情都是好的。我画的每一张图都很棒。一切都很好。最后，我不知道自己处于什么位置。”镜子，也就是对孩子的反馈信息必须尽可能有明确和具体的区分度，然后，自豪才得以有了基础，孩子们也便能具体地对自己作出鼓励。

为了发展鼓励“自豪”，孩子需要有榜样。

那些自我贬低的父母们，彼此之间不展示任何自豪感的父亲和母亲是榜样——不是自豪的榜样，而是自我贬低的榜样。那些相互指责对方的父母们，他们“没有注重足够地表现自己”，父亲隐忍着工作上的失意，取而代之的是，他只哭诉“世界的不公平”，母亲掩盖着自己的苦恼，他们又如何能够成为自己儿子或女儿的榜样，让他们在做事情时更加自信，让他们为自己取得的成绩感到自豪呢？那些认为自己一无是处，对自己的外貌、影响力和生活都不自信的母亲——她如何成为女儿的好榜样，让她在感到自豪的基础上过上一个自信且自重的生活呢？

那么，孩子有多感谢父母对他们的重视和自豪感呢？我们想要以一个文学作品中的小片段来加以说明，那是一位大约五十五岁，教授拉丁语、希腊语和希伯来语的德高望重的老教师回忆自己孩童时代的感受：“他看着自己面前那本薄薄的账册，里面记录着妈妈做清洁工所挣来的每一分钱。破旧的金属框架眼镜和总是带着污点的镜片，妈妈透过这副眼镜，神色疲惫地看着他。如果我还能再看一次大海该有多好啊，但我们却无法做到这件事。大海给予了她些许东西，一些美好的甚至光芒四射的东西，她已经很久都没有想起过这种东西了：她的尊严。当她在大街上遇到那些脏兮兮的人时，她会表现出这种尊严。这绝对不是自高自大，这里的目光与她投向自己尊重之人的目光是同等的，不分尊卑。为了在下一次看到同样的情境时以她为傲，小男孩问道，她能这样做吗？”

1.5 公 平 感

宝宝有一种强烈的公平感。

父亲经常惊讶地注视着儿子汤姆，听他说自己感到激动的事情：“我今天口语测试拿了四分的成绩，这还不算太糟糕。但伊娃的知识储备比我还少，她却拿到了两分，这有点不太公平。”生气时，公平感便会表现出来，但它所表现出来的东西更甚于此。公平感作为一种高度激动或不安的状态使得宝宝持续处于紧张中。宝宝无须学习公平感，但当其得不到支持时，便会出现这种公平感。

公平感需要被予以肯定，然后才能保留其力量。

这种肯定并不是指在任何情况下都得赞同宝宝的意见，他们认为公平的，或者他们觉得自己受到了不公平待遇而加以控诉的事情，并非总得到支持。肯定的目的在于使公平感具有一种重要的价值。在具体的情境下，成年人完全可以持有与宝宝不同的看法，也可以反驳他们：“我认为这件事或那件事是不公平的！”——重要的是，公平的价值得到了支持，对宝宝来说，它也被赋予了更高程度的意义。

成年人对宝宝的想法存有保留意见，由此公平感才能获得最大的支持。没有什么比一种不切实际的、想要将一切变得公平的观点和一种想要脱身于世界上一切行为的态度更加速公平感的灭亡。这会使宝宝被孤立。宝宝需要有立场、需要其他人对他的想法作出评价，即使他们并不总是赞同这件事，但他们依然需要榜样和支持，从而使公平感获得价值。

我们遇到了教育者经常研究的两种情景，在这两种情景中，对公平感的肯定与保留意见是彼此对立的。第一种情景，即父母在孩子面前并未表达不同的意见，虽然从道理上他们应该与孩子团结一致。我们经常从成年人那里听到这样的说法：他们觉得自己的孩子受到了小伙伴不公平的对待，他们为此很“心疼”自己的孩子。但他们说：“我们不能在孩子面前表达这样的感受。”为什么呢？根据我们的经验，对孩子而言，没有什么事情比父母对此保留意见更为重要，因为他觉得这件事实质上是公平或正确的。父母或其他的教育者并未因此失去权威性，恰好相反，他们会成为孩子的榜样，教会他们持有不同的意见并为自己的立场而承担责任。

第二种情景是这样的：“每个孩子都必须被同等对待，只有这样才是公平的。”这里混淆了公平和同等待遇这两个概念。同等待遇不是公平，极大限度的同等待遇可以是不公平的。这里您一定想到了几个亲身经历的例子。诚然，对比生日礼物或圣诞礼物，并注意使得其差异不要太大这件事是值得尊重的、值得思考的，也是正确的。为了在这一方面做好，成年人往往施加自己很大的压力。但对于孩子而言，至关重要的不是三个兄弟姐妹的礼物都值 20 欧元，谁也不比谁多，谁也不比谁少。重要的是，他们受到了父母的重视，也就是说，父母认真对待了这件事。当一个孩子的愿望、需求和努力被父母看在眼里时，他们会觉得公平。孩子们对公平感的衡量尺度不是礼物的质量或馈赠，而是适宜的、“公平的”质量，对他们本人的适当的尊重，对他们的努力、成果和人性的尊重。对汤姆而言，至关重要的不是成绩上的差别。他认为受到不公平待遇的原因在于，他觉得自己没有被适当地看待，也因此没有得到适当的尊重。父亲了解儿子：当汤姆发现伊娃或其他任何一个同学受到不公平对待时，他也同样会感到生气。只有汤姆明白了这件事，他才能感到轻松，因为他在其他人受到不公平待遇时站了出来，并说道：“我觉得这不公平。”汤姆和其他孩子一样，对“公平不是同等待遇”这件事有着细微的洞察力，因为当英语老师认为卡洛琳由于经常生病而在语言学习上比其他人更难或无法完成学业课程时，汤姆也站出来提出了抗议。他请老师谅解卡洛琳并为她制定一个与其他人不同的评价标准。这对汤姆而言便是公平。

1.6 重 要 性

每个人都想有影响力，孩子也是如此。

如果这阻挡了孩子，他们便会觉得弱小、无能为力和无关紧要。如果孩子感受到了自己的影响力，那么他们便会产生一种基本的感觉，即他们是重要的，也就是**重要性**。我们将其称为**基本感觉**，是因为这种情感上的波动更多的是一种感受，是一个人总体经历的一种基本的情感。

孩子们现在还小，一般来说，他们的影响力比成年人要低一些。因此，他们具有重要性或他们能如愿地发挥影响力往往不是理所当然的事情。我们经常在其他的文章中强调，重视孩子的感觉有多么重要。在这里，我们也想再次重复这件事，以增强他们情感的重要性。孩子在日常生活的具体行为中也了解到自己是否具备施加影响的权利。能在超市里寻找要买的生活用品或被允许制定家庭成员团体游戏规则的学龄前儿童；一个不仅在生日当天，在其他时间也能够吃到心仪午餐的小男孩；一个可以参与思考并决定家人去何处度假的小女孩——这些孩子们体会到了他们的重要性。

当然，也有与此相反的孩子，他们缺失了这种重要性的体验：比如那些作为家庭中的小小独裁者而决断一切或几乎在一切事宜上说了算的孩子们。这种情况下的孩子们找不到对立者，重要性在此便没有了边界线。孩子也需要权威和制度，他们在家里、在学校或者在幼儿园里不是“领导”。若这一框架缺失，那么重要性便会成为过度重要性，**自傲**和**无节制**便会由此而生，它们通常会使孩子们陷入绝望的孤独之中，因为这样的孩子很容易“变坏”。

1.7 背叛、误解和自尊心

史蒂芬觉得自己被最好的朋友尼克拉出卖了。她告诉尼克拉所有的事情，她们从三年前刚上小学时便是同桌了。她对待尼克拉与别人不同。至少她是这么想的。然后，她突然看到尼克拉和多勒玩得很开心。此前她们还建立了统一战线，认为多勒是她们共同的敌人，她们永远也不想和多勒扯上半点关系。

现在，她觉得尼克拉背叛了自己，她感到很崩溃。当她放学以后将这件事讲给妈妈听时，妈妈只说了一句："噢，这件事还没你想得那么糟糕。"她不信任爸爸，不想告诉他这件事。爸爸总是在看报纸，下班回家后也总是很疲惫的样子。史蒂芬只好自己保留这种被背叛的感觉。她让步了，但这种不满却逐渐转变成了苦恼。

如果孩子感觉受到背叛，这会直接影响到他们的内心深处。孩子们定会觉得很失望。这会使他们感觉到痛苦，但这种痛苦感会过去的。此外，这对孩子来说可能很重要，因为他由此学习到了（自我）欺骗，觉得自己不中用或类似的感觉会变得愈发强烈，存在时间也会比失望的感觉更久。但比背叛更糟糕的地方在于这将持续引发不良的后果。

当一个对孩子而言真正的承诺被打破时，他们会感到自己受到了背叛。这在史蒂芬身上表现为友谊的诺言，即"统一战线"的诺言。

幼儿园时期，孩子的"伟大誓言"会受到他们彼此之间，或与他们选定的成年人所立协议的约束。这种诺言几乎总是基于关系而建立的诺言，涉及两个人对于彼此的立场或看法。在成年人所谓的现代社会中，承诺、忠诚，很多时候这些价值观约束都已被弱化——但对孩子来说却并非如此。

承诺对孩子来说是一件认真的事情，这是对他们认同感的一种肯定。承诺不一定要说出来。为人父母就已经算是这类承诺中的一种了。一个人产下宝宝，便是承诺在今后要抚养这个宝宝，并陪在宝宝身边或在背后支持他。倘若违背了这一承诺，那么无论如何都是失望的结果，这几乎总是会让孩子产生一种被抛弃的感觉，也有一种被背叛的感觉。遭受暴力和忽视，便是一种毁灭性的背叛。孩子可能经历的一种残忍而又无情的背叛是通过性暴力对其人格的完整性造成暴力性的破坏。在这一方面，我们在治疗过程中遇到的童年时代遭受过性暴力的孩子或成年人，多半遭受了很多的背叛。施暴者的残忍暴力，是对儿童受害者的神圣不可侵犯性、脆弱性和自尊的背叛，这令孩子们不知所措、无助而又感到愤怒。这种伴随着性暴力而产生的受到背叛的感觉有时还会对孩子产生持续影响，令他们难以承受但却只能忍气吞声。此外，还有一种痛苦便是，孩子们却不被允许背叛那些曾经背叛过他们的人！尤为可耻的是，背叛者充分利用了孩子们对他们深深的敬仰之情，并让孩子们相信他们准备好为已经发生的事情和该事件的受害者承担责任和负罪感。

成年人往往不够重视受到背叛的感觉之于孩子的意义。

试图安慰孩子或通过“这件事还没那么糟糕”“不要小题大做”等话语来抚慰孩子是没有用的，甚至还会加重孩子那种被背叛的感觉。这可能会严重破坏孩子与其照顾者之间的依恋关系。那些受到背叛并独自承受那种感觉的孩子们容易变得不信任别人。如果有另一个女孩想要和史蒂芬建立友谊，那么，史蒂芬很可能会因为她与尼克拉之间失败的友谊经历而不再像之前对尼克拉那样毫无保留且坦诚以待。如果孩子（后来成为成年人）长期以来都不信任他人，不再相信任何人或仅在有限条件下才能够相信别人，那么受到背叛的经历往往是根源之所在。(性) 暴力的受害者忍受着不信任的痛苦，成为伴随一生的基本感觉。

受到背叛的孩子需要什么呢？

团结一致！当然，这是与温暖、爱和信任紧密相关的。极为具体的团结，团队的支持是很重要的。这种团结必须用语言表达出来，且需要多次表达。此外，这种团结还必须经常使用。史蒂芬可能需要从父母那里得到他们对尼克拉行为的评价以及表明他们是站在自己女儿这一边的态度。她或许也曾需要母亲去找老师谈话并请求老师为史蒂芬调换座位。孩子们往往不接受这些，他们之后也并不想去实施这些建议。但如果这些建议被说了出来，那么它们就是团结的一种具体的标志。

与受到（性）暴力的儿童受害者保持团结一致，不仅需要深度参与到孩子的个性之中，也需要勇气去克服自我对于做错事的恐惧感和不安全感，并打破成年人之间的帮凶关系。这种团结行为对孩子产生了哪些具体的结果呢？我们认为这是没有规律的。孩子遭受痛苦的艰难处境必须被加以重视。不是为了去解决这件事，而只是随便问问孩子感受的行为可能就成为一种新的背叛。

背叛的发生无法挽回，受到背叛的感觉也是如此，但团结一致能够缓解背叛所造成的伤痛。

1.8 反感和恶心

恶心是一种保护人不受伤害的感觉。如果一个人食用了某种难以消化或危险的食物，那么他会产生强烈的恶心感。解救的方法是，将这种食物吐出来。下一次看到这种食物或闻到其气味时，人们会产生一种强烈的反感，一种恶心反胃的感觉。

如果孩子讨厌自己，这首先是一件正常的、好的事情。

这标志着他们在自发的情绪反应中拒绝了某些难以忍受的事情。但恶心感和其他一切感觉一样，都有其特点，即这些感觉不仅发挥了其最初的作用，这里指保护作用，且更多的是带来了一些值得进一步研究的问题。

几乎每个孩子都会对某些并不危险的物体或气味产生恶心的感觉——朱丽叶讨厌面条，安德烈讨厌奶酪，史蒂芬讨厌草莓冰激凌。恶心感的最重要的脉冲就是反感。对有些孩子来说，他们可能会表现出来，例如不喜欢草莓冰激凌等。他们对这种食物产生了一种强烈的反感，不管是出于什么原因，结果总是如此。这种反感逐渐增强而成为一种恶心感。这种恶心感是与特定的食物或者气味相关的，因此，几乎在所有孩子身上我们都可以观察到这一现象——或许是因为孩子被逼迫着去压制这种恶心感。

戏剧性的是，其后果可能是孩子的身体对这种恶心感做出反应的方式。尤其是当这种恶心涉及的事物比无法消化或有毒的食物更难忍受时，比如说有毒的气体、难以承受的经历和难以忍受的人。自发的、与这种恶心感密切相关的身体冲动表现在显而易见的、做出防御性动作的回避。这可以与反胃联系在一起，这种反胃正如我们所说，原本是人体在感觉不适的情况下针对其所摄取的令人作呕的、危险的食物做出的反应。某人感到恶心了，那么他短时间内便不会再吃任何食物，直到这种恶心感有所减弱。如果这一点在孩子、青少年或年轻的成年人身上成为家常便饭，那么它可能造成进食障碍。（尽管我们知道，恶心感虽然是一种重要的感觉，却也只是进食障碍这一复杂的结构体系内的一部分，但我们还是在这里勇敢地给出了这一解释。）他们要么几乎不再摄取任何食物，或者往往在过度饥饿之后再次将食物吐了出来。这里的恶心感不再单指某种特定的食物，而是指总体的食物摄入。没错，恶心不仅限于此，治疗过程表明，所有的进食障碍都是一种自我认知的障碍，建立在个人身份认知的基础之上。相关的孩子、青少年或年轻的成年人不仅对食物摄入感到反胃，对他们而言，生活是令人感到厌恶的——或者至少是生活或与他人共同生活的基本部分令他们感到厌恶。受伤的经验往往成为上述问题的根源，经常与性暴力联系在一起，可能引起令人作呕的感觉或给人留下难以磨灭的深刻印记。针对自身的身体认同感，恶心扩大成了一种反感。就连其他诸如贬低、软弱无能、无助、过度负荷、背叛、负罪、强忍的愤怒、越界、关于毒药和难以消化的食物等这些在另一种意义上必须被“抹去”的经验也有可能成为根源。这时就必须接受治疗了，从而能让治疗者与受害者一起找出哪些是他们生活中“难以承受的”，以及有哪些方法可以帮助他们从这种困境中走出来。

另一种经常与恶心联系在一起的进食障碍的形式是**肥胖症**。许多成年人或孩子通过吃更多的东西来克服这种恶心感。他们通过饱腹的方式让恶心感暂时被麻痹。几乎所有人都了解那种感觉，即他们吃完很多甜食之后还必须要吃一些味道很浓的食物。最后，他们或许需要吃一些甜食，然后又得吃味道很浓的食物，一直继续下去。当这种反应自发产生时，便会逐渐形成一种病态的进食行为。用新的食物来覆盖恶心感，这样的与恶心的抗争并非长久之计。这就必须找出他们对哪些东西是难以承受的，以及他们可以采取何种方式来代替吃东西带来的麻痹感。这无论如何不可能只是一个医学上待解决的问题。仅仅呼吁大家改变习惯、生活意愿或类似的东西也是没有用的。这种困境必须被严肃对待，同时要辅之以一种深度的理解，即恶心感不是“自愿”被感觉到的，孩子和青少年需要帮助，从而识别出哪些东西在他们的生活中是难以承受或是有害的。

1.9 感到沉重和轻松

有压力不是感觉，而是一种感受，它能够对孩子总体的情感世界产生影响。然而，我们在谈论压力之前，首先研究了它的对立面。许多成年人都能够从孩子身上学习到、感受到轻松是什么样的。不受拘束、自然而然地笑，全心全意付出或者沉浸在一个故事、一本书或一个游戏中，傻里傻气地嬉闹、专注地倾听别人讲故事，然后专注地来回漫步，毫无计划、完全自由的感觉——所有这些以及其他形式的轻松感我们都能够在孩子身上看到。在这一层面上，孩子是我们成年人的榜样，我们在日常生活的辛劳和压力之下已经忘记了如何去这样表达心情。

尽管如此，孩子也能感受到压力，他们会失去轻松感。孩子们感受到的压力经常与成年人的类似：他们看起来心情沉重，有时候很沮丧，经常焦虑紧张且内心受到束缚。孩子感到沉重这件事不一定是一位或多位教育者直接施加压力的结果，这里指他们对孩子说："你必须做完这件事或那件事，否则……"在这种压力下，孩子们大多会变得有些专制。对此他们可能会做出不受拘束的行为，可能回避或顺从，也可能对此感到生气或害怕。当然，如果这样的压力过于强大，或者说至少会让孩子受到约束并感到沮丧，那么它就可能会损伤孩子的个性。更容易忽略的往往是另一种看不见的、不易被察觉也难以被准确识别的压力。所有被理解为消极色彩的感觉或心情，如果它们持续时间较长并对孩子的感受产生了深刻的影响，都将形成压力。如果一个孩子在知道自己做错了什么的时候总是陷入孤单或感到背叛，那么这将导致一种长期的压力。责任感也能成为压力。如果一个孩子有这样的想法：我必须帮助妈妈摆脱癌症的煎熬；我必须帮助爸爸戒酒或者我必须拯救父母的婚姻，那么这个孩子身上将产生一种很强的压力。有些被表达出来或没有被表达出来的期望也能造成压力："你在学校里一定要比其他孩子都表现得更好。""要做到最好，要成为最优秀的那一个。""你是家里比较普通的那个，你的妹妹比较聪明。"又或者："我们和其他人不同。"父母有期望，孩子们并不能一开始就实现这些期望。孩子们经常听到这样一句话："我们为你做了这么多，奉献了这么多——这是你永远无法弥补回来的。"这些话带来的只有压力。

有些孩子处于压力之下，因为他们没有时间去寻找安宁或享受玩乐。周一他们要参加体育协会，周二要练习芭蕾舞，周三要学习骑马，周四要看他们最喜欢的电视节目，周五则要练习笛子并完成家庭作业——孩子的生活已经被安排好了，他们没有一点自由空间，也没有玩乐的时间。唯一留给他们的只有压力。

有些孩子对于压力实在难以承受，甚至对自己的童年生活感到厌恶。对有些孩子而言，他们感受到的压力超出预期，以至于他们虽感到受到的要求过分苛刻，却愈加无怨言地去实现他们的义务和责任，直到他们"再也不能坚持下去"并变得沮丧、易怒或生病。

当孩子感到压力时，他们需要减压，成年人便有责任为孩子卸下肩上的负担。对不同的孩子而言，他们的压力也有所不同，因此必须加以个性化的识别。这需要付出努力和时间，他们根本无法靠自己的力量找出自己压力的来源所在。但如果他们感觉到寻找压力源是一件严肃的事情，也明白成年人是真心想要为他们减压，那么，父母、治疗者和教育者往往会惊讶于孩子们在多大程度上知晓哪些东西对他们而言是"太多"的，以及他们在哪里得到的"太少"。

1.10 悲　痛

当海克听闻奶奶去世的消息时，她痛哭了起来。母亲将她拥入怀中，两人一起哭了起来。傍晚，葬礼结束之后，两人坐在一起，讲述着奶奶在生命的最后几年有时会糊涂的事情。当海克说到自己在奶奶家里看到她经常与花交谈，有一次还与橡胶树说话时，两人都笑了起来。

悲痛是失去的感觉。

“我很伤心，因为爷爷去世了”，“我很难过，因为我们要搬家了”，“我很伤心，因为我女朋友和我分手了”，“我很难过，因为我要离开熟悉的班集体了”，“我很伤心，因为史蒂芬今天压根没有看我”……孩子们有很多理由去释放。悲痛是伴随着这一释放过程而存在的一种感觉。海克的例子展示了孩子们为此所需要的东西：他们必须投入到悲伤和痛苦的情绪中去，他们必须能够与他人分担这种失去感及伴其而生的其他感觉。他们也必须能够谈论过去、现在和未来“关乎灵魂的”痛苦。

但释放的过程并不总是成功的。在孩子自然产生以及能够自然产生的众多感觉之中，悲伤极少被表现出来。

梅拉尼画了一张在树丛中四处张望的脸部肖像，然后在治疗中这样说道：“奶奶洛特去世了，我很伤心。”她的双眼含着泪水。其实，奶奶已经去世四年了，但这是她第一次表达出自己的悲伤之情。她未出席葬礼，因为父母不希望她过于伤心难过。许多父母努力让自己的子女免受分离之苦，而这种尝试却以失败告终。父母往往只是保护了自己，不让自己的悲伤和痛苦随意释放，加以“不要让孩子负担过重”之名。然而，恰恰是这种被掩藏于心、被压抑、被克制的悲伤和难以治愈的痛苦会让孩子倍感压力，因为他们悲伤的程度并不亚于成年人。表面上的漫不经心或诸如“生活总要继续下去！”之类的话语也会让孩子感到痛苦和悲伤。若有人想以这种方式为孩子减轻痛苦，其效果只相当于告诉他们：眼泪无用，痛苦和悲伤不该被表现出来，而是要被压制。在面对和处理悲伤时，父母和教育者也是孩子的榜样。

许多成年人无法忍受孩子的悲伤和痛苦，他们尝试着将其从孩子身上转移。为此，他们需要送给孩子新的芭比娃娃，给他们提供新的电脑游戏，带他们去吃冰激凌或者麦当劳套餐。看到孩子们不开心的样子是让人难受的，父母也真心希望自己的孩子能过得开心幸福。

所有这些都导致孩子变得沉默。他们压制着自己的感觉，独自承受悲伤。若他们没有成功做到这样，孩子们也许会归咎于自己的无能，这会让他们否定自己。诚然，沉浸于悲伤而无法自拔的成年人也会带给孩子压力。一位每天早晨用餐时为自己儿子的死而哭泣的老妇人定会让死者遗孀及其子女感到压力。但这里令人感到压力的并不是悲伤，不是分离的痛苦，也不是老妇人情感的释放，而是死者家属无法节哀、挥之不去的痛苦。这时，孩子们需要空间，从而找到适合自己的方式走出悲伤并释放情感。

慢慢走完这段路需要时间。这一阶段的孩子时而安静、时而激动，也经常变得固执、偏激或有戒心。此时，悲伤会渐渐被隐藏起来，取而代之的是释放情感的必要性与不愿释放之间的激烈斗争。

有些孩子很感性，或许比那些已经走出悲伤的孩要更感性一些。他们敏感而又多愁善感，可惜经常被嘲笑并被贴上“过分敏感”

和“爱哭”的标签。

悲伤中的孩子需要安慰。

最好的安慰莫过于陪伴在他们身边或分担他们的悲伤，谈论他们留存于心的、足以再次在心中唤起对新鲜事物兴趣的那些东西。和孩子谈论如下事情往往也很有帮助，尽管他们失去了一个人、一段友谊、一种生活方式或其他的一些在成年人眼中、在成年人的衡量标准下分量甚微的东西，且这些失去的东西无法挽回，但有些东西还在，有些人或事还能够或被允许留下来，成为心中珍贵的回忆或经历。此外还必须告诉孩子，他们不需要对失去的东西感到愧疚。

1.11 羞　愧

羞愧其实描述了两种感觉，它们彼此易于混淆，或者至少在感觉上是相似的，但却有着截然不同的作用：自然的羞怯和对某人某事感到羞愧。

我们首先来研究一下孩子的自然羞怯感。十七岁的男孩不想别人听到他和女朋友之间的电话聊天内容。他并不害怕什么，但这会令他感到尴尬、不好意思。十一岁的桑德拉从朋友那里听到一个笑话，然后便笑了起来。她笑声过大，以至于引起了老师的注意，她问道："有什么事情这么好笑呢？说出来让我们一起分享一下吧！"桑德拉却羞愧得红了脸，她说不出一个字来。这个笑话只属于她和朋友两个人，对老师和整个班级的同学而言，这个笑话是没有意义的。小帕斯卡尔晚上睡觉时间较长，他又尿床了。没有人斥责他，他也不需要害怕什么，但他依然会感到羞愧。上述三个例子均说明，羞愧是为了自我防卫：它保护着一个人内在私密的空间，即保护着一切对每个人而言尤为珍贵且值得守护的东西。当内在私密空间即将或已经被公开时，正如帕斯卡尔的例子，羞愧感便会随之而出现。因此，我们将羞愧称为内在私密空间的守卫者。不仅是孩子，成年人也是如此。在任何年龄段中，内在私密性都是一件值得被高度重视且受到保护的东西。

内在私密空间都包含什么？

这就要视年龄和不同孩子的情况而定了。有一个五岁的小男孩，他在公众场合随意抓挠自己的生殖器官且并不感到害羞，但当母亲向客人展示他的画时，他却脸红了，同时感到很不好意思。他的妹妹却截然相反。她洗澡时总是将自己一个人锁在浴室里，但在展示艺术作品方面却表现得很自然。例如，她很乐意在陌生人面前大声歌唱（而哥哥就连听妹妹唱歌都会感到很不好意思）。这些差异或许与性别有关，我们的研究在男孩组和女孩组也确实发现了很大的差异。

随着年龄的增长，羞怯感在大多数孩子身上的发展趋势表现为波浪状，他们时而升高，时而降低，然后再次升高，再次降低，反复如此并几乎总是在青春期阶段达到最高点。此时，内在私密性开始了一个新的发展历程。感受到自己将从男孩变成男人以及感受到自己将从女孩变成女人的青少年们最明显的感受是，他们即将成为一个新的人。以前的自己变得不一样了，新的自己还不够完善。这一过渡阶段带来不安全感，并导致对于生活的表达比过去的那些年需要更多的内在私密性，正如我们上文提到过的十七岁的男孩和桑德拉一样。问旁边的人有没有糖也是一件足以让人感到不好意思的事情，正如父亲的表扬会让人感到害羞。每个眼神、每个手势、每种行为都可能引发羞怯。父母和成年人必须知晓此事，并应保持适当的注意，有些情况知道就行了，不要去干涉孩子感到羞怯的事情。他们也必须知道，如果孩子假装做了某件事或拒绝去做某件事，那么背后的原因几乎总是存在一种羞怯。孩子们感到羞怯的点往往在于，他们感到羞怯，但却因感到羞怯而羞怯，从而无法说出自己的羞怯感。

如果说自然而然产生的羞怯感是正常的，它和所有其他的感觉一样，是孩子成长过程中有益的伴随者，那么，对于某人或某事感到羞愧则并非如此，它会让孩子受伤并使其生病。这种羞愧感是显性的，它会深入孩子的内在私密空间，将那些秘密的东西或他们主观臆想出来的自己的不足之处毫无界限地暴露无遗。例如，有人读了女儿的日记并在午餐时将其说了出来；一位英语老师请一位同学上讲台并说道：“凯，到前面来告诉大家，你还是什么都不会做。”四岁的萨拉感到痛苦，因为她在幼儿班上年龄较大，于是总受到其他同学的嘲笑，她不知道为什么，但却将其归咎为自己“既渺小又愚笨”。我们在治疗过程中遇到的许多孩子都因某人某事而感到羞愧。许多成年人，无论男士还是女士，都讲述了大量他们在童年时期感到羞愧的经历。

比较棘手的是，这种羞愧感最初和自然的羞怯感完全相同，以至于当事人很难区分这两种感觉。当我们用孩子们能够明白的语言和示例告诉他们两者之间的区别时，他们就明白了。即使这两种羞愧（怯）感最初的感觉是相同的，后面的感觉及其产生的影响也会有所不同。对某人或某事感到羞愧会给人留下持久的、糟糕的回忆。倘若这种羞愧感再次出现，或从根本上对孩子产生了影响，那么，孩子可灵活调整其保护范围的能力便会持续受到影响。若这种羞愧感难以为人所承受，从而使得羞愧感不再是内在私密空间界限的守卫者，那么部分孩子和青少年便会觉得这些界限已不复存在了。于是他们会变得不知羞耻。而其他的孩子也并非重新划定了羞愧的界限，而是为自己构筑起一道“柏林墙”，他们退到墙的后方并将自己封锁起来。他们希望自己在堡垒后方不会再被伤害，尤其是不会再感到羞耻。

为自己感到羞愧并由此感知内在私密空间界限的能力可以再次被获得。但这不是一次性的行为，而是一个经历的过程，对自己以及对他人的信任在这一经历过程中逐渐被建立并巩固。如果孩子们在自己的堡垒后方四处张望或直接走了出来，他们一开始对周遭仍然是缺乏信任的。一个男孩曾这样说过，如果他们感到威胁或“嗅到”为人所耻的味道，他们便会快速地再次回到堡垒后面。重新赢得信任并将羞愧感重新化作一种有益的感觉，是一个跌宕起伏的过程。如果孩子由于内在私密空间被侵犯，无法感知其界限而变得不知羞耻，必须要有一个人告诉他们并向他们解释所发生的事情，这很重要。孩子也想知道在他们身上究竟“发生了什么”。这些孩子需要那些既尊重自己的界限，也能同等尊重孩子的界限的成年人。孩子们会挑衅并测试成年人是真的给予了他们这种安全感，还是也属于界限破坏者中的一分子。然而，这与孩子的羞愧界限被破坏的方式无关。在治疗开始之前，必须对自然羞怯和其他羞怯加以区分，必须判定其他羞愧并找到防止孩子因此而受伤的办法，从而帮助自然羞怯发挥其作用。

1.12 无助和乐于助人

我们在治疗过程中遇到的所有孩子都至少在某些方面感到无助。

这些孩子中，没有任何人能够用语言表达出他们的无助，或者根本无法说出自己需要哪些帮助。他们中的每个人都没有用语言，而是通过疾病、所谓的“障碍”、行为的改变和发展滞缓表现出了无助。

“我不知道怎么办”，“爸爸，我需要您的帮助”，“米勒夫人，我希望得到您的支持”——如果孩子能够说出这些话，那便是再好不过了。当我们听到孩子说这些话时，我们会感到格外高兴，因为他们的确需要帮助。教育机构、幼儿园、学校、治疗机构——所有这些都是为了帮助孩子健康成长而建立的。这一庞大的系统是为了给予孩子帮助，也会在他们感到无助时给予支持。但实际生活中孩子何时以及何处需要帮助则更多地取决于成年人的立场、取决于他们所认为的“孩子需要帮助”，而并非由孩子自身的困境所决定。因此，重要的一点便是，孩子能够表达出自己的需求，并对他们能够得到帮助这件事心存希望和信任。

然而，极少有孩子拥有这种信任，也很少有孩子能够表达出他们的无助。原因之一是，**他们缺少榜样**。大脑研究者认为，人类主要是从榜样那里习得事物，并摸索出自己的行为方式。现在的孩子在无助这件事上有哪些榜样呢？他们何时从成年人那里听到这样的话：“我很无助，我不知道下一步该怎么做。”哪些电视剧或电影讲述了有关无助的内容？又有哪些童书、漫画或杂志中提到了无助呢？

我们这里说的不是“真实的”无助，即受害者从作案人眼前逃走并大声呼喊以寻求帮助，我们谈论的更多是一种“隐性”无助，一种不经意间潜入孩子生活中并加以扩大的无助。

八岁的梅拉妮在夜间惊醒，因为她听到父母在吵架。她起身下床，朝着父母的方向跑去，然后看到他们将对方打得头破血流。她大声喊道：“住手！”但父母没有在意她，没有停止吵架，也没有停止打斗，梅拉妮跑去邻居那里寻求帮助。当邻居带着梅拉妮再次回到她家时，父母二人正“和平地”坐在桌前。母亲不小心摔倒了，或许由此引发了争吵。打架了？不，他们或许没有这么做，这样的事情是不会发生的。这些事情想必是梅拉妮想象出来的，她有时会胡思乱想。邻居也不会因此而生梅拉妮的气。

第一次便是如此。第二次、第三次……第十次的时候，梅拉妮依然在夜间被吵醒，依然跑向爸爸妈妈——她站在那里发愣，她感到无助，陷入了无尽的苦恼之中。“真实的”无助变成了一种“隐性”无助，一种将她与“疯狂”联系在一起的感觉，将终生伴随着她并使她感到压抑。

“隐性”无助是一种禁忌。虽然也有例外，但人们有充分理由可以这样说：孩子们很少能找到表达无助且寻求帮助的榜样。取而代之的是，榜样会说：要坚持下去，要做出成绩，必须要这样做，“就像……”。这是令许多孩子感到难以寻求帮助的第二个原因：他们没有适应社会规范。成绩是强者的追求，而无助则是弱者的表现，取得好成绩才会得到人们的认可。

第三个表达无助并寻求帮助的阻碍因素在于，许多孩子在寻找帮助的过程中会感到失望。没有人听到他们的求救声，因为成年人总是忙于其他事务。又或者他们总是得到一些敷衍的话："你已经做到了。"想要寻求帮助并为之付出了努力，却没有得到任何回报，于是孩子便会心灰意冷或羞于将寻求帮助进行到底。

随后，无助便会被隐藏起来，避而不谈，然而无助却会以另一种方式体现，即应对策略，也就是克服痛苦或其他压力的策略。通常情况下，这种策略用于下列情况：孩子感受到压力，需要帮助，这种诉求为人所听到，且帮助也确实发生。若这种应对策略从孩子的行为中逐渐消失，但无助的感觉依然存在，便会在孩子内心发出呼喊，这是一种令人受伤的感觉，也是一种存在于看似坚强的强者身上的感觉。为了掩饰自己的无助和内心深处的呼救之声，孩子们会寻找另一种应对策略，一种其他的克服无助感的策略。

其中一种策略便是收回求救，变得**默不作声**。另一种，也是最常使用的一种，则是**易怒、变得非常偏激**。在这本书的其他章节我们要求，在谈到偏激和所谓"过动症"时，与对待孩子行为上的许多其他症状一样，均需留意该行为背后的原因所在。当我们确实这样做时，我们往往发现了"无助"。

我们重复的次数往往不够多：**孩子生活和行为中的许多症状和所谓障碍是无助和困境的一种表达。**它们是在呼救。即使孩子们无法再用语言表达出这种呼救，我们作为成年人、教育者或治疗者，也必须能够听到这种呼救声并施予我们的帮助。

我们在私下或治疗过程中认识的所有孩子们——只要他们还没有忘记如何去帮助——均有着无尽的热情想要去帮助他人。那些忘记如何帮助别人的孩子定是经历了被否定和压制，他们的助人意愿被夺走，他们自认为"从未做好"或者"总是做错所有的事情"。其他的孩子们则能够听得到父母和他们所爱之人的呼救声，即使他们根本没有发出这种呼救，或者说成年人并不会表达出自己需要帮助这件事，但孩子仍试图用尽一切方法去提供帮助。当孩子们有了榜样，看到人们是如何在特定情境下帮助特定的人时，他们的帮助有时候是可以被看见的（例如做了一件好事）；更多时候是以另一种方式表现出来，而这种方式仅针对那些真心倾听孩子们柔弱的、“非正统的”、令人感到惊讶的声音，接受他们的表达方式并为之受到触动的人。

总之，正如成年人必须学着听到孩子们的“隐性”呼救声一样，对他们的“隐性”助人意愿加以适当的关注同样重要。因为对孩子们的助人意愿的忽视、羞辱或压制与没有听到孩子的呼救声一样，均可产生相似的、沉重的影响。

1.13 生气、愤怒、恼怒、倔强

孩子们偏激的感觉在教育者那里并未得到高度重视。大多数孩子以和平、友好的心态，希望自己无论遇到任何情况也不会生气或恼怒，不会发脾气或变得倔强。但他们应该自信且能够受到认同。但事物总是相辅相成、相互作用的。如果感觉不到生气、恼怒、愤怒和倔强或无法将这些感觉生动形象地表达出来，那么孩子便无法自信起来，也无法正确地认识自己。偏激的感觉是抗拒的自然表现：我不想吃菠菜；我不想打扫卧室；我不想挨打，也不想受到侮辱……说“不”的能力开始于一种偏激的感觉。它不一定与“勃然大怒”相同，轻微的生气也是在抗拒我们不想要的某种行为或某个情境。不能说“不”的人也无法说“是”，他们停留在不确定之中，不受约束，无法掌控自己的生活，也无法处理好自己的事情。因此，**感受并表达偏激的感觉是一种很有价值的能力，因为它为生活的方向以及与他人的交往创造了可能性。**

对大多数孩子而言，偏激的感觉在所谓的“倔强”阶段，即他们练习说“不”的时候便已清晰可见。因此，这些“不”并非小心翼翼地被说出来，而且为小孩子的生活带来了意想不到的惊喜。在不恰当的时刻寻求拥抱的奶奶会被推开，不受喜爱的菠菜会被放在妈妈的围裙上，如果刚抽过烟的爸爸想要亲吻小宝宝，那宝宝定会惊讶地转过头去。如果早期孩子的倔强受到压制，他们正在成长的自信也因此首次受到打击，虽然倔强如今极少被完全压制，但往往会受到嘲讽和讥笑：“你实在太固执了！”倔强应该被认可，不该换来任何的贬低。我们经常从孩子和青少年，也从成年人那里听到：

“我不想变得如此倔强。”“倔强”这个词来源于动词“抗拒”，中世纪时期顽强不屈的市民阶级将这一概念广而泛之，此后这个词便不再有保护自己不受伤害的意思了。婴儿和小孩子遇到的所有事情大多数都是无保护性的，在倔强中，他们逐渐养成了说“不”的能力，并且清楚地表明不愿接受的观点。上述行为的发生比较直接，往往会让成年人感到尴尬。但无论如何，这是进行独立评判的第一步，也是真正做自己感兴趣的事情并正确认识自己的第一步。

我们接触到了不少“固执”并且后期还会有偏激感觉的孩子，这种感觉的表达受到了惩罚或贬低。有些孩子会想尽办法调整到那种没有偏激感觉的理想状态，由此营造一种无偏激感的环境。另一些孩子则会面临一种充满了高度偏激情绪的氛围，在这种氛围下，孩子们自己不允许表达出任何偏激的感觉，但他们对特定的生活状态说“不”的冲动却从未消失，这与他们所受到的压力无关。这种冲动无法发泄出来，因此才得不到支持。对许多孩子来说，他们的内心深处燃烧着情感的火焰。由于孩子和成年人一样，都需要通过其他人的接受与拒绝、肯定与否定之间的变换来阐明自己的观点，因此，孩子们缺失了一些至关重要的东西。比如说，老师做了些不公平的事情，孩子对此感到生气，他便需要得到部分支持和肯定。倘若孩子没有得到，那么，他虽然会感到生气，但同时也会怀疑这种感觉及其合理性。对老师的愤怒可能转换为对他们自己的愤怒，他们会变得很不确定，没有安全感或者对于人类拥有这种“讨厌的”感觉而感到羞愧。看似平和的孩子和青少年可能会逐渐形成一种复杂的混合情感，最终出现嗑药或自残等行为。现在经常被视为障碍的，其实是一种时间更长的过往障碍的结果，这是由于禁止偏激情绪和感情表达而引起的。

这种长期积累而成的“火山”导致的一种结果可能是愤怒情绪的突然爆发，毫无克制和保留。但引起这种爆发的原因可能有很多。例如，十三岁的思文自以为的“女朋友”在同学面前笑话他，于是思文很生气；九岁的马库斯不时发脾气：多年来，每次遇到这种无礼的行为时，父母都会揍他，于是，父母也便成了他的“榜样”，即遇到矛盾或冲突时，需要通过发脾气和暴力来“解决”；如果安妮生气了，那么她所表现出来的不仅是生气，这背后也还有单纯的无助感，每当她不知道下一步该怎么做时，便会陷入这种窘境，为了发泄偏激的情绪，她会变得患得患失，喜怒无常。这些所谓“过动”孩子的行为往往是偏激且带有情绪的，但也表达了某些其他的东西，这种东西经常是一种过重的负担，大多数情况下也是一种无助感。在反复的、不受控制而爆发的愤怒中，我们必须找到其中的根源所在。这种根源是指，愤怒背后的东西是什么，就好像在一部外语电影中寻找字幕翻译。只有认识并了解了孩子们身上出现的这些偏激情绪、愤怒的爆发、无助感、孤独感以及其他压力的根源所在，我们才能对症下药并逐渐去解决这些问题。

孩子们偏激感觉的另一个特点也值得一提，即神圣之怒。恼怒是一种有针对性的、偏激的感觉。孩子们可能会在心中对最深的信念感到愤怒，并且这种情绪会持续存在，例如：当他们生病、受到打扰或背叛时，或者当他们满腔热情去做某件事时，比如拯救某种濒临灭绝的动物等。这种恼怒能够让孩子们感到满足，也能使他们自己和他们的行为变得“鲜活”。这种恼怒成为一种激情，充满了力量。从中我们可以看到，明确说“不”的能力也是对正确的事情说“是”并付出努力的力量之源。

1.14 惊奇和惊讶

杜塞尔多夫在六月的一个温暖的午后，一个小男孩牵着妈妈的手，站在车来车往的街道上，等待人行道上的绿灯亮起，那样他们就能穿过马路了。小男孩指着面前驶过的一辆汽车并喊道："哇！汽车！"他的头顺着汽车的行驶方向转了过去。然后再次喊道："哇！汽车！"就这样一次又一次地喊着。他感到很惊奇。只有孩子才能如此无忧无虑且专注地表达自己惊奇的感受，而大多数成年人却早已在艰难的生活中失去了这种感受。

孩子的惊奇，尤其是小孩子的惊奇，既真实又坦诚。他们向新鲜事物敞开心扉。每当遇到奇迹、极其美妙或令人惊异之事，他们都会感到惊奇。

在惊奇中，孩子们的内心深处留下了某种东西。因此，他们与"惊讶"之间的关系变得如此之近。就连"惊恐"也会不请自来，猝不及防而又令人震惊。惊恐与惊奇有一瞬间是相同的，那就是惊讶，惊讶于突如其来的事情，也惊讶于跳跃性的变化。

倘若孩子感到惊恐，如果惊恐感占据了他们的内心，那么他们便做不到在威胁面前保护自己。有时候，惊恐对他们而言是"有等级排布的"，因为他们已经有了此类经验。多数情况下，他们必须知道自己可能会始终面临突发状况而变得手足无措，会遇到一些不怎么好的事情，面对这些，他们往往猝不及防，毫无准备，也无法保护自己。

这些孩子需要被保护，无条件的、持续不断的保护。只有在一种被保护的、拥有安全感和温馨感的环境内，自我个性，尤其是可以保护自己的自信感才得以再次得到发展。

那些陷入惊恐或者始终感到惊讶的孩子也已经失去了惊奇感。这其中的关系并不难理解，因为“惊奇”包含了一种情感上的“敞开心扉”，而惊恐则拒绝了一切情感。感到惊奇的人，他会去接纳其他新鲜的、陌生的东西。抵抗惊恐和惊讶的人不愿意也无法冒险去接受陌生事物，他们希望这种惊讶感适可而止。

我们在治疗中经常发现，对那些饱受惊恐和恐惧感折磨的孩子们来说，惊奇感可以起到并非唯一但也至关重要的帮助作用。当他们在自己感兴趣的领域或受到保护的环境中重新学会“惊奇感”——无论是惊奇于一头小马驹的降生，还是欣喜于一位足球运动员“倒勾”的射门动作——他们陷入惊恐感的“瓶颈”问题便会逐渐好转。然后，除了惊恐感，他们至少也会产生一些其他的、可以让自己坦然面对的感觉，随着时间的推移，这些感觉会将这种萦绕于生活中的惊恐感逐渐驱散。

1.15 兴趣和新鲜感

一开始没人注意到阿希姆已经不再对其他事物提得起兴趣，也不再表现出他的兴趣了。他的生活就这样继续着，继续去学校上课，看以前看过的电视剧，也继续和朋友约会。几乎没人发现他内心已不再波动。碰撞一次的轮子在停止运动之前还能滚动很长一段距离。他逼着自己在学校里学习，但主要是为了让父母感到欣慰。没有人注意到他已经好长时间不看书了。直到他经常睡不好，常常在破晓时分从梦中惊醒，他的父母才发现，好像哪里不对劲。现在，他变得愈加冷淡，周末总是赖床不起，无法振作起来。他丢失了对事物感兴趣的能力。人们往往只能在已经丢失或即将失去这种东西时，才会发现它有多么重要，这同样适用于"感兴趣"这种感觉。

"感兴趣"是一种完全被低估了的感觉。这是人们赖以认知世界的一种感觉。有了兴趣，便有了对一个人、一件事或一个物体的热情和导向，例如骑马、进行冰上曲棍球运动、收集芭比玩偶或上历史课。我对某事感兴趣包括：我将兴趣点转移到这件事上，我对其加以关注并做出相应的举动。兴趣是一种激起动机和行为的感觉。一旦这种感觉消失了，动机便会随之下降，做出举动的能力也会有所降低。**因此，兴趣消失的核心之一是意志消沉。**

一个孩子现在是对这个还是那个感兴趣是次要的，更重要的是，这个孩子感兴趣，并且他可以对此感兴趣。孩子们去探索世界，将他们的注意力放在这样或那样的事情上。他们的兴趣是一种寻找运动的一部分，是一场探索之旅的一部分。对此，期待他们的兴趣具有持久性、明确性和单一性是没用的，这些要求对孩子们来说并没什么益处。父母往往会抱怨孩子的兴趣发生了转换。刚刚才购置了新的马鞍和新的马靴，他们现在却“抛开”骑马这件事，“投入”音乐电视网和时事榜单之中。对此，成年人可能会抱怨，也会感到生气。但无论成年人是否喜欢，孩子们就是这样，也有权不断转换自己的兴趣。**童年时代有随意变换兴趣的权利。**

童年时代是一种许可，也是一种要求，即总是保有新鲜感。哪怕父母抱怨我们一天之内第三十次问：“为什么是这样的呢？”好奇是一种升华了的兴趣，是兴趣被加强之后的一种体现，通过好奇，孩子们可以认识这个世界。这从宝宝刚开始学会爬的时候，即所谓探索时期到处爬和抓的时候就开始了。这一时期，孩子们踏上了一段发现之旅，但愿这种发现不会终结于对异性、性和成人世界的好奇。好奇是一种感觉，如果成年人失去了这种感觉，那么可以再次从孩子身上学到这一点。

1.16 兴奋和热情

年龄较小的孩子们的感觉中没有什么复杂情绪。他们年纪越小，感受就越坚决果断。是或否、喜欢或拒绝占据主要地位，而中间立场则极少出现。随着年龄的增长，这一中间立场才得以发展。孩子们表达情绪强度的一种方式是兴奋，那是一种绝妙的、难以捉摸而又闪亮的感觉。每一次兴奋都是对某事感到兴奋，也就是一种并非远离而是趋近这件事的感觉。兴奋是一种有指向的感觉，也是一种加强了方向感的感觉。孩子可能会对一则圣诞节故事、一场运动竞赛或一条现代化铁轨感到兴奋，这种兴奋始终包含了一种自我的兴趣趋向。这是一种越过了中间级好奇感而被升华了的兴趣，至少是一个孩子通过亲身经历而总结出来的，有了对象或目标指向。

热情是再一次的升华，热情带来的不是痛苦，而是一种快乐、强烈情感、行动和奉献。热情可赋予人翅膀，可移动群山。

如果兴趣和好奇没有被扼杀，而是得到了支持，那么孩子们便有了兴奋感，甚至拥有热情，可以体会所有这些感觉而不至于在情感的迷雾之中徘徊不定。然后，兴奋和热情也可以在年龄较大的孩子身上变得鲜活起来，并将之带入成年阶段的生活中。

孩子们的兴奋和热情需要发挥空间。

只有在感到沮丧、意志消沉时，或者兴奋和热情所指向的事物自行消失或被拿走时——通过禁止或贬低的方式——人们才会感到痛苦。九岁的尼克拉度假时发现自己对划独木舟有着极大的热情。父母却认为她这是一种怪癖并未加以重视。他们克制住情绪："好吧，这件事总会平息的。许多事情都已经过去了。"但他们女儿的兴奋感却并非一时兴起。尼克拉很坚持，并且最后加入了一个独木舟运动协会，在那里她可以兴奋地参与其中，也能释放自己对于独木舟的热情。这时，她十二岁了——三年已经过去了，在这三年中，她顽强地追随自己的兴奋感，直到最后体验到热情。

孩子们的兴奋冲动和热情往往来势汹汹，但却维持不了很久。这些兴奋和热情由此便不那么重要了吗？它们就该得到更少的关注吗？我们并不这样认为——尽管对我们而言，这一点的确存在一定程度的变通性以及所谓的“失望公差”，即此前可能存在过高的期望。

对我们成年人而言，每一次确定孩子在消费、金钱和责任感（如对动物）等方面的兴趣时，将上述事实考虑在内也许会有帮助。也就是说，**孩子们短暂的、一时兴起的兴趣热情同样很重要，也值得被关注。**这将避免我们压制孩子的某一种兴趣，从道德层面而言，我们也应在不忽视我们自身的兴趣的前提下始终能够支持孩子的兴趣与热情。

1.17 渴　望

孩子感受的一个特点体现在他们所表现出来的漫不经心。不受拘束地活在当下——这是作为孩子的一种基本特征。那么渴望又存在于何处呢？当然，渴望是存在的，不仅如此，孩子的渴望中蕴含着一种巨大的力量。

为了明确这种力量，我们首先将**渴望**和**愿望**加以区分。孩子的愿望单往往很长，有些愿望能够实现，而有些则不能。这些愿望是平时也会有的，而不仅仅在圣诞节才有。渴望更加深刻、更加强烈，也比愿望更有指向性。渴望针对一个超出可达到范围的物体。为了实现这一渴望的目标，孩子们会发挥自主性，又或者当这一目标无法达到并且他们已筋疲力尽时，他们会在内心深处更强烈地渴望。

在治疗过程中，我们遇到了“回溯”的渴望，例如：渴望时光倒流，渴望回到那段“妈妈只爱我一个”或“爸爸还和我们住在一起”的时光。这种“回溯”的渴望会将孩子完全困住，并决定着他们的行为与感受。

“回溯”的渴望有一个特点，那就是不可实现性。如果孩子们发现这种不可实现性，但却并不想放弃这种渴望，那么这种未被抑制的渴望便会转化成为忧郁，孩子们会充满悲伤和沮丧。他们会收紧自己的心，将自己封闭起来。孩子们至少需要帮助，并且要尽可能早地得到帮助。上述“回溯”的渴望对两方面产生了负面的影响：一是悲痛和放弃，二是这种渴望有可能被带到未来。如果不用尽全部力气去争取三年前离开的父亲，便无法再次将他带回身边。

“其实”后面也许会释怀：父亲已经离开，孩子不可能再将他带回来了。“其实”孩子本应放弃并对此感到悲痛。“其实”这种对已逝的家庭之乐的渴望是没有意义的，也是不理智的。**渴望与其他感觉一样，从逻辑角度而言是不理智的，但尽管如此，它却是很和谐并且有意义的一种感觉。**我们不能劝阻孩子们的这些渴望，而应该更多地去重视孩子的渴望，并找出隐藏于他们心底的力量和需要。有一个默默思念“已逝”父亲的小男孩，我们问他喜欢和自己的爸爸做什么。他便开始讲述他和爸爸在一起的那些趣事：踢足球、夏天去冰激凌店、每周六一起看体育赛事，父子俩也经常会打打闹闹。他说：“爸爸是狼，我是猎人。我丢失了自己的武器，但我很强大，所以就算没有武器我也总是能够战胜狼，最后成为胜者。”

一旦渴望变得具象，那么它也就可以被实现了。它不再处于可达范围之外，而是有所靠近，然后，孩子们便可以借助成年人的帮助去分辨哪些是不可实现的，而哪些是值得他们去努力得到的东西。父亲不会再回来了，这是件悲伤的事情。对此，渴望起不到任何帮助，值得他们去做的是，渴望那些能够与他们一起踢足球、扮演狼和猎人、一起吃冰激凌以及一起做许多其他与父亲相关活动的人。如果渴望变得如此具象，能够被分辨得出，那么悲伤便也可以被倾吐，痛苦的力量被激活，然后，隐藏在渴望中的力量就会被释放出来，瞬时的需求便将得到抑制。

“向前”的渴望始终包含着孩子们对于生活的梦想和能量。我们在此书中所写的诸多方面中，有一点是尤为重要的。我们经常观察到，孩子们的渴望相比于许多成年人而言并没有那么复杂和遥不可及。诚然，孩子们的这些渴望更确切地来说是很“简单的”：跟他人聊天或共进午餐的渴望，被人拥抱的渴望，被人注意和倾听的渴望，玩耍以及与他人一同游玩的渴望，与对手一争高低的渴望，周六晚上一起收听“天气播报”的渴望，可以拥有一只自己喜爱的宠物的渴望，诸如此类。十四岁的艾伦和妈妈住在一起，她的爸爸很早便去世了，妈妈又患有精神病，深受折磨。艾伦经常离开家，因为她更喜欢住在疗养院。但那里并不接收她，因为她没有遭到殴打，也无法提出其他可以证明自己应被接收的理由。如果有人问她最渴望的是什么，艾伦会这样回答：“我最想要的，就是冰箱里总是放着食物，有一天我可以用这些食物做一顿饭，然后我们可以坐在一起吃饭，我可以获得一些零花钱。”就是这么简单——但也竟然如此困难。

孩子们往往无法回答自己渴望什么这一问题。孩子们的渴望很少出现在心愿单上。但即使是轻微的、默不作声的渴望，人们也可以察觉到，尤其是在孩子们玩游戏的时候。游戏应尽可能的轻松自由，不包含或极少包含固定的规则，这样一来，渴望便会表现出来，孩子们会在玩耍的过程中无意间表露出这些渴望。在这一程度上来说，孩子们的渴望可能会被撤回，但从不会真正地沉默，它们会被隐藏起来，但从不会真正地消失不见。为了（但不只是为了）这些渴望，孩子们需要成年人在身边和自己一起玩耍，需要成年人用清醒的意识去观察、倾听和感受。

1.18 快乐和幸福

对于孩子们的快乐和幸福感，我们虽只作了简单的介绍，但却给予了极大的重视。成年人之间有这样一句俗语："快乐得像个孩子一样。"这句话描述了孩子们的快乐，这表明，从童年到成年的过程中，这种快乐的感觉退化得有多么厉害。

在写这些话之前，我们晚上在冰激凌咖啡馆看到一对姐妹，有四五岁的年纪。她们第一次看到奶油冰激凌的那个眼神，她们第一次付钱的时候，我们很难忘记。她们整个人都洋溢着快乐，闪耀着幸福之光，整个冰激凌店也由此变得明亮了起来，感染了愉悦的氛围。描述这种幸福和快乐说明我们内心深处浮现了这一幅幅的画面。所有的老师都能唤起类似这种场景的回忆——特别是当他们曾遇到过这样的孩子时——又或者是他们曾亲眼见到过这类事件时。孩子们的幸福感和快乐是直接而又油然而生的，这种感情不需要任何处方，而"仅仅"需要一种温馨又安全的环境，需要一种爱和自由的环境。我们所定义的"**幸福的孩子**"是指那些在丰富多样的感觉世界中仍能拥有一种家的感觉的孩子。

为了能让孩子成为这种意义上的"幸福小孩"，并且体验很多幸福和快乐的时刻，我们不谈论幸福和快乐，而是要谈论它们是如何被掩盖，如何逐渐消失或被其他感觉所取代的。这些我们将在本书的其他章节加以论述。对于我们写作这本书的成年人，也是对于读者而言，我们为孩子们的快乐而感到快乐，就让我们从他们的幸福中获得幸福的感受吧，愿您也能成为我们的"幸福小孩"。

1.19 同情和敏感

孩子们会有同情感，这种感觉很容易产生，并且很强烈。当爷爷重病在床，深受病痛折磨时，十六岁的史蒂芬几乎夜不能寐。我们对他进行其他治疗时，他说道：“那种感觉对我来说就像是我自己受到病痛的折磨一般。”许多父母和其他的教育者在相同年龄的孩子身上观察到这种情状下孩子们内心的真切体会。

对此有两个前提条件：

① 同情他人、他事或自己产生共情。

孩子们感到同情的人或动物等生命体距离他们很近，或者就在他们身边，例如亲戚、宠物或朋友等。他们的同情感也可以延伸到那些他们从未遇见过的人身上，但这些人的困境他们却从未亲身感受过。例如，小学生在课堂上听到同学们讲述自己想象中的非洲灾难——非洲人找不到救急的医生，非洲孩子们没有教科书或铅笔，他们忍受着饥饿的痛苦，他们为了生存而逃难——他们便会感到这些事情离自己很近，从而产生同情感并给予实际的帮助。

孩子们所同情的人或生命体对他们来说如此之近，以至于他们会对这些人或生命体产生认同感。当他们来回切换电视频道，然后看到一则关于动物在运输过程中受虐待的新闻时，很可能发生这样的情况：一个十岁的孩子因为同情而突然变成一个素食主义者并大声宣布此事，也会尽己所能试着说服其他人去做相同的事情。

② 孩子们的同情感不该被人嘲笑或以其他任何方式让他们感到羞愧。

但这种情况往往经常发生。“这不过是一只动物而已。”“你不必感到如此痛苦。”“现在这样挺好。”当孩子们对处于痛苦之中的生命体感到同情并表现出这种同情时，他们经常听到诸如此类或其他的表达。这很可能是他们逐渐变得冷漠和暴躁的开始，然后成年人便会反复地抱怨他们。孩子们需要的是羞愧的对立面，他们需要理解、支持、赞扬和别人对于他们同情感的认可和肯定。

每个人都拥有对其他生命体感到同情的基本能力。大脑研究者们发现了神经机能的一部分，这部分会令人们产生同情的感觉。但同情感的能力究竟能够产生多大程度的影响呢？这因人而异，也在极大程度上取决于他们的敏感度。关于敏感度，孩子们几乎总是最先并且主要听到一些贬低或负面的东西：“别这么敏感”，“爱哭鼻子的人”，“软弱的人”，“你这个感性的小鬼，镇静一下吧”……但孩子们的敏感性是一种积极的东西，这意味着孩子有“触角”，乐于接受不同的东西，并且对于其他人身上所发生的事情有着极为细微的“触角”。遗憾的是，这也会产生副作用，即这些孩子用于隔离他人伤害的界限和保护层很薄弱，他们几乎无法保护自己不受外界伤害。他们以眼泪、绝望、脸红或其他的感情作为回应——他们因此而感到羞愧或内心受到惩罚。因此，“感性的”或“多愁善感的”等形容词对许多孩子和成年人来说有一种消极作用，带有一种贬低的感觉。因此，我们更愿意用“敏感性”一词来替代这些概念，基于我们的经验来看，这一词包含更高程度的重视，也由此描绘了一种接收他人情感波动的能力。

敏感性对很多孩子来说可能是一种负担，也要求一些教育者给予孩子机会，对他们给予支持并保护他们——我们尽可能说得通俗、言简意赅，而非从意识形态层面对此进行深度阐释：适应每个孩子不同的能力——保护他们不受重负，也保护他们不受威胁。然而，关键的是，这种敏感性是一种很珍贵的特点，因为它包含了产生同情感的能力。

当我们描述孩子是何种程度上富有同情感的生命体时，许多读者或许会想到这样一些事情：孩子并不富有同情感，反而很残忍，也会伤害别人。这不仅包括青春期那些为了隐藏自己步入成人阶段的不安全感而乱说无助与贬低他人的言语的青少年，年龄较小的孩子们也会贬低和伤害他人。这包含了不同的层面，“童言无忌”便是其中之一。如果孩子可以饶有策略、巧妙处理一件事，那么他们便太过于早熟——他们往往是很真诚，且不吝于真诚的。如果一个小女孩总是从姑姑那里得到礼物，她期待着表示感谢并去亲吻姑姑，那么姑姑会推开她。可能在她姑姑看来，小女孩将亲吻当成了另一种礼物返还给了她，而她不喜欢她这样的反馈方式。将礼物送来送去是辜负了父母或者姑姑的期望。这看似很生硬，但至少是一种真诚，不含任何中间成分和圆滑。刚穿上新裙子的母亲问九岁的女儿道：“怎么样？你喜欢我这样吗？”得到如下真诚的、毫无同情感的回答：“这样很糟糕。”母亲很尴尬。当女儿两三年后被问到同样的问题时，她或许会这样回答：“嗯，这件裙子的确很漂亮，但你或许可以穿更短一点的裙子，而且，如果大衣是这个颜色或许会更好看一些……”女儿会略微缓和自己的语气并表达得婉转些，因为她知道母亲容易感到受伤，因为她不想再让母亲感到难过。年龄较小的孩子会产生同情感，但对于其他人容易受伤这件事尚知之甚少。他们更关注的是保护自己不受到伤害。这并不是说他们拥有更少的同情感，而是这种同情感在他们的生活和言语中并不总是拥有足够的空间，也缺乏可塑性。

现在也有这样一些孩子，他们不只是表现得生硬，他们本来就生硬。他们受伤、生病，他们在言语和行为上都很暴力。更确切地说，他们不是生硬，而是经过伤害和挫折之后变得生硬了。孩子们的这些行为方式总是——我们这里的确是指“总是”——建立在暴力经历的基础之上。每个孩子生来就拥有同情感，没有哪个孩子生来就是“长刺”的。**孩子的尖锐是暴力的一种产物。**这种暴力并非仅存在于殴打或性侵犯中。暴力也可能存在于孩子被抛弃而孤身一人。他们感到孤单寂寞，他们对其他人的暴力感同身受或通过目光、言语和行为而感到沮丧并获得挫败感。如果孩子们无法承受这些经历，他们就会变得冷漠无情。许多孩子会在内心爆发、沉默，将他们所有的情感冲动指向自己，其他孩子则对外爆发，将感情发泄在外。他们所经历的暴力会转变为他们对别人的生硬和暴力。没有同情感的人又如何能够对别人产生同情之心呢？

他们并非一定会变得越来越生硬。我们认识很多人，他们努力想要变得与那些让他们感到痛苦的人不一样。但对很多孩子而言，他们内在的某些东西已经遭到彻底的破坏，他们已经无法再做出这般的努力。这种破坏可能被修复吗？对于我们目前为止所接触到的孩子，我们可以说，修复并再次产生同情感是有可能的，只要孩子能够重新体验同情（以及支持、一种强烈的安全感等），并由此逐渐减轻痛苦或得到治愈。但我们也从那些与孩子打交道更多的同事那里获知，即使付出诸多努力，这种修复和治愈也并非总是能够取得成功。有些伤害是无法被治愈的，有些孩子会遭受彻底的伤害。对他们而言，人们是有感觉的，对他们和其他人都有同情感。

1.20 孤　　独

孤独对孩子来说不是一种易于表达的感觉。一位母亲几乎不会听到孩子说“嗨，妈妈，我觉得很孤独”。孤独感属于孩子们经常隐藏的、难以从外在特征加以识别的一种感觉。一个孩子的孤独感可以是没有朋友，也可以是很少和其他人在一起的感觉。但也有这样一些孩子，他们有时候在这种条件下并不感到孤独，他们需要一个“撤离”阶段，从而获得安宁。有些孩子喜欢独处学习或独自去做自己的事情；有一些孩子，他们参加了运动社团，他们去跳舞，也经常和其他人待在一起，但每天晚上入睡之前却会因孤独而哭泣，因为他们最好的朋友搬去了另一座城市。有时孩子确与许多其他的孩子或成年人多有接触，他们可以一起做许多事情，也可以谈论许多话题——但真正感动到他们的东西只存在于他们心中。对此，他们得不到任何回应。**与人接触的次数并不是是否感到孤独的本质原因，其本质原因在于有没有回应，在于对感动的一种共鸣。**

孤独感指缺失回应，也往往通过回应而获得。

如果我们在治疗中遇到一个深受孤独感折磨的孩子，那么我们感受到的更多的是我们内心的回应，而不只是我们从孩子具体的语言表达或行为方式中可以确定的东西。这也是父母和教育者的一大难题：如何识别出真正的孤独感。孤独感经常以另一种表象呈现，或看似隐藏于一种表象之下，这是其内在固有的特点。例如，在《扑克脸》中，只有眼睛传递孤独感的信号。此外，大多数情况下，一种并不让人感到舒服的孤独感往往会使成年人做出回应的意愿受到限制。孤独感也经常作为一种环绕在孩子周围的隐形气息出现，只要这种气息足够强烈，持续时间长且已经存在良久。的确，这种感觉在我们身上可能从未出现，但这却是一个可以深入探寻和研究的线索。

十一岁的杰恩因为不去学校上学而被送去接受治疗。他没有告诉任何人自己不去上学的原因，他抗拒去学校，最后被强迫进学校时，他放弃了在学校里的一个很好的机会。他的父母、老师和咨询师都对此束手无策。当他迈进治疗室后，他立即坐在了角落里的凳子上，交叉双臂，看起来目光呆滞。治疗师试着与杰恩搭话，但这很难。虽然杰恩没有开口说话，但治疗师却“听出了”他的孤独和自暴自弃。治疗师带着询问的语气说道：“你已经放弃了，对吗？”这时杰恩才终于有了回应：他点了点头。

当孩子开始变得孤独时，他们往往会试着通过带有象征意义的行为去唤起身边人的注意，比如“因为晴天”而帮父母准备早餐；因为友谊而送给一个同学他珍藏已久、“从未想过赠予他人”的足球图册；自己亲手编织一束花送给幼儿园里的老师；等等。就其意义等值的角度而言，这些行为是不适当的，孩子们付出了努力却获得失败的结果。或许他们会一次又一次尝试，但最终还是放弃了。放弃引致孤独并加强了这种感觉，使孩子充满无助感：我一个人，没人看见我，也没人想要来帮助我。

当孩子开始感到孤独时，对他们感兴趣并不断问他们问题或许是一种给予帮助的方法。对话和其他手段同等重要，可以唤起孩子内心的回应，也为孩子提供一些能够触动他们的东西。这可以是一个理解的眼神，或在肩上的一次轻抚。成年人往往必须做到第一步，至少是在孩子的孤独感开始增强时。在杰恩的治疗中，当治疗师讲述自己在杰恩这个年纪时第一次去看了心仪的足球队的比赛，并由此开始对足球产生兴趣时，杰恩才有了初次的回应，先是目光发生了变化，然后是微表情，最后也开口说了话。

孩子因为陷入孤独而不愿接近父母时，父母往往会期待孩子先开口：“我现在准备好与我的孩子聊天了，但他却不愿意。他将自己封闭起来，不说一句话。”此时，对成年人而言至关重要的是一种认识，即陷入孤独的孩子往往不是不愿，反而更多的是不能吐露心声。孤独感与灰心丧气组合在一起，就像一个隐形的环一样，牢牢套住了孩子，他们无法从内部突破，只能是有人从外部艰难地攻破。总的来说，孩子需要从外部获得帮助。父母可以讲述自己的经历，这是提供帮助的一种方式。当父母因为孩子不吐露心声而感到惊讶时，我们往往会问：“您最后一次与孩子谈心是什么时候？”如果成年人在这时主动开始倾诉，事情会进展得远比他们所想象的要顺利得多。

父母与孩子一起做一件事也可以构建一座桥梁。与孩子一起玩、一起散步或购物等，这些都是在告诉孩子：我很重视你，我关注你，我想和你交流并且我也做好了为此付出些什么的打算。如果两个人之间有一个人由于孤独或灰心丧气而无法深入交流，则往往需要有一个第三方存在，从而通过传递的方式实现交流。如果两个人的对话一开始涉及电脑，这会比东拉西扯要容易一些，也可以谈论足球及其他可以在两人之间产生共鸣的话题。动物也可以对孤独的孩子起到帮助，他们关注动物，也从动物那里获得关注。他们可以在动物身上练习如何敞开心扉并允许别人进入自己的世界。

1.21 羡慕和嫉妒

孩子们，尤其是第一胎的孩子在看到弟弟或妹妹出生并吸引了父母的关注时，他们会产生羡慕和嫉妒的感觉，这很正常。他们也失去了一些东西：父母不会再只关注他们了。他们不再是爷爷奶奶、叔叔阿姨的小明星了。其他的东西他们目前为止还不懂得，因此他们感受这一过程时便愈加惶恐不安。他们害怕失去所有的爱和关怀，他们努力想要得到这些，有时会失望，但始终坚持不懈地努力着。因为爱和关怀对他们而言并不是一件能够顺带失去或者自以为失去的物品。爱和关怀本来就很重要。孩子们的羡慕和嫉妒不是一种为了比较而比较的感觉，而是因一种本来存在的、重要的东西失去了而产生的对比感。嫉妒是一种斗争的感觉，是一种为了努力得到某样东西而做出的失望的斗争，但他们内心往往确信，这样东西已经失去了。

如何防止这种对弟弟或妹妹产生的嫉妒，文献资料中已经有不少说明和解释，这些都围绕着一个中心点：让长子对弟弟或妹妹的诞生有所准备，让他们明白这件事并使其获得一种对于母亲这一角色的身份认知。对此有很多种方式，例如：给小婴儿一瓶奶时，也同时给他们一个布偶娃娃。无论如何，让孩子对此有准备是很重要的，而至于母亲角色的身份认知，我们觉得帮助相对较小。一方面，大多数情况下，孩子并没有把这件事情当真，就像做游戏般玩玩而已；另一方面，母亲角色的身份认知并不能解决孩子对于被爱和关怀的需求这一冲突。有所准备是最好的防止嫉妒产生的方式，并且当这些发生的时候，父母也更应尽可能地避免让孩子和自己感到愧疚。如果孩子没有表现出嫉妒，那反倒可能有问题。或许有一种良好的情况，即长子对于他所得到的爱和关怀很确定，以至于他不需要羡慕和嫉妒，但也有可能是他对这种爱和关怀如此不确定、感到害怕或是对此灰心丧气，以至于他根本不敢做出反抗。

无论如何，长子都需要特殊的爱和关怀。父母给予两个孩子同等的爱还不够，他们必须将这些展现出来，予以确定并加以证明。孩子为了得到这些而努力。一个重要的证明方式便是，父母在和长子相处的过程中不要分心或受到幼子的干扰。

如果幼子长大了，他们就可以互换角色。这一时期的幼子可能会坚定地认为姐姐或哥哥获得了更多的爱，他们认为，本来一切都可以更好的。这对父母和其他教育者来说都一样，只是角色不同而已。此时的幼子需要明确的语言和行为上的爱和关怀。

上述这些对父母和教育者而言有一点是重要的：他们永远无法做对所有事情！想要尝试做到这一点的人都失败了，他们自身处于压力之下，也将压力传给了他人。许多父母试着通过相同的行为来实现公平。这条路是走不通的，因为孩子是不同的，成年人对孩子的回应也应该是不同的。同等对待只能显得是刻意为之。想要通过给予孩子同等数量的饼干、衣服、玩具或陪伴时间等方式来防止他们产生嫉妒感，就要教育孩子，让他们知道，分给每个人的量是可以有偏差的。孩子的注意力不在成年人给予的爱和与自己的关系上，而在相互对比上。那些有这样经历的孩子或成年人，往往非常擅长观察最细微的“不对等”。父母和教育者用尽所有方法和爱努力想要避免，谁知反而促进了孩子彼此之间的嫉妒感的产生。

现在，羡慕和嫉妒不只产生或体现于兄弟姐妹之间。很多原因都可能导致孩子情感的爆发，有时是突然爆发的，有时是默不作声且几乎不被察觉的。但与兄弟姐妹之间的嫉妒相同的是这种体验的过程：宝宝觉得自己被放回去坐了，觉得自己被抱的时间太短，觉得自己不受宠爱、不被关注，他始终需要得到安全感，需要被爱，被宠溺和关怀，即使宝宝对于这种感觉的表达方式并不总是那么受欢迎。

1.22 虚 空 感

姆拉特最频繁的身体动作便是耸肩。不仅在别人问他问题的时候，有时他独自一人坐在那里或者独自走路时也会耸肩。如果要问他为何会这样，答案是，他本来就已经是这样了。他耸肩的动作不仅可以表示“我不知道”，也可以表达出“本来就没有目的”。

姆拉特六岁，不久就要上小学了。当幼儿园里的老师给他一件玩具时，他没有伸手去拿。只有当这件玩具被拿得离他身体很近时，他才会玩，如果超出了有效距离，他便不会主动去拿。姆拉特“荒废”了“伸手去拿”的能力。我们这里之所以说“荒废”，是因为每个生来没有身体残疾的孩子都不会缺失这一能力。孩子能够深入这个世界之中，将手伸向妈妈、瓶子，伸向一切自己感兴趣的和想要的东西。如果孩子伸了手但什么都没有抓到，并且这种情况不止一次地发生，他们会怎么样呢？

虚空感不是孩子身体上的感觉。

人类身体里没有什么东西是真正虚空的，它们被感受为需求、饥饿、探寻、渴望，但不是虚空。孩子是在环境中、房间里和身体周围感受到虚空的。当他们抓了个空时，便会获得虚空感。如果这种情况仅出现一次或偶尔出现，则没有什么负面影响。每个孩子、每个成年人都曾有过类似想要得到某样东西却没有得到的经历。但如果这种感觉持续出现，当它成为生活中自然而然的一部分时，它便有了实质的意义，也会带来很多的绝望，以至于孩子无法承受。后果就是，孩子放弃了。有些孩子因为不想再次扑空而不再伸出手臂，就像肩带上有一个调节松紧的装置，持续压制着孩子们的抓取动作。其他孩子被迫去抓，或者去抓所有东西和人，他们不安地将手伸向人和物体，却无法或者不想让自己获得支撑。这里放弃的是获得支撑并让自己感到安慰的能力。此时，抓取是一种伸向虚空的探索。相比于感觉或心情，孩子更多感觉到的是放弃。对于虚空，他们没有一句话，就连感觉也是空的。

手伸出去但什么都没抓到，这是产生虚空感最常见的经历。那些未被听见的声音和未收到回应的目光可以产生类似的效果。在这种情况下，孩子会沉默或双眼无神，虚空感几乎总是能够萦绕在他们周围。

如果孩子的虚空被注意到，也就是孩子的困境有了一个愿意倾听和观察的对象，会发生什么呢？作为治疗师，我们几乎总是有这样的体验：孩子最初是怀疑的、迷失的。基于失望的扑空经历而产生的灰心丧气包括：我可以做我想做的事情，但我总是落空。这时突然就没了人支持——孩子的世界观有了问题，那些自然而然的东西变得交错混乱。所有这些都会造成迷茫、不安、怀疑和恐惧。如果目光得到回应，或者伸出去的手指碰到另一个人，他们便会觉得羞愧。虚空和放弃包围了孩子的许多宝贵感受，围起了孩子的亲密感。如果这种虚空被填补了，放弃被揭露了，那么窥探出孩子的内心将使得他们更加羞怯。治疗师和教育者们应该穿过这层羞愧，小心翼翼、呵护般地、慢慢地为孩子创造新的抓取体验，并让他们被看到、被听到，由此逐渐填补虚空。

许多父母和教育者（尤其是那些受质疑的“观察者”，如亲戚、熟人和陌生人等）都认为，孩子应该被宠爱。但事实上，孩子可以不加选择、没有限制地获得他们想要的一切东西，这如同成年人不再感知到自己的兴趣一样，都不是一件好事。就我们的经验来看，这会产生与虚空感类似的消极作用，即没有方向感。在不考虑将“避免虚空”与“过度给予”相提并论的条件下，我们的观察使我们相信，一个拥有着兴趣、爱和安全感并在富裕的生活环境中长大的孩子，相比于那些无法满足温饱的孩子，拥有一个更高的所谓“沮丧公差”，也就是说，他们长大后更容易变得沮丧。

1.23 害　怕

孩子自然会有害怕的感觉，他们所经历的许多东西都是新的。几乎每天都会出现陌生的人或事。迎接每一个新的挑战也是走向一次未知的冒险、发现一种潜在的危险。孩子所熟悉和了解的东西少之又少。他们步入生活、融入这个世界所迈出的新步伐尚不稳健，有时甚至是脆弱的。不仅小孩子是这样，对那些不愿承认自己害怕的青少年们而言同样如此，他们也踏上了许多走向未知的征途：从小男孩或小女孩变成男人或女人，迈入成年人的世界，加入青年群体的“等级斗争”，面对职场上的挑战，决定下一步的人生之路，与同龄人坠入爱河，等等。所有这些都会导致害怕，也必须使他们害怕，因为害怕是对于未知事物、潜在危险的一种警告，它调动了机体的活跃性并传递消息：注意，当心！

如果孩子完全不害怕、无所畏惧，成年人就必须害怕和恐惧了。这类孩子往往是那种什么都不怕、没有什么可以失去的、已经不知道害怕和畏惧是什么感觉的孩子们。他们经历了一系列的侮辱、贬低和轻视，许多其他的感觉也随着害怕一起消失了——下一章我们将详细介绍空间感知的麻木感。

害怕感在成年人这里“风评不好”，这往往会以某种方式传递到孩子身上，即孩子的害怕感会遭到贬低或轻视，于是他们便会想要驱散这种感觉。孩子们听到最多的一句话便是“你根本不需要害怕”。因此，一个孩子对自己要去上学这件事感到很高兴，对学校里将会发生什么事情也完全不会感到害怕，这很常见。不过，未知的噪音和影子游戏的确会令小孩子感到害怕，因为他们不知道这些东西背后可能隐藏着什么。如果孩子害怕汽车，这甚至是有益处的，因为这会令他过马路之前更加注意一点。

综上可得，**孩子的害怕感应该受到尊重**。他们必须听到如下的话：“是的，我知道你害怕。”如果孩子的害怕感被轻视，且被认为是“多余的”，那么他们就会得到这样的结论：我的害怕是错误的——我的感觉是错误的——我是错误的。当然，孩子不仅需要在“他们可以感到害怕”这件事上得到肯定，也需要得到帮助来应对并克服害怕感。我们认为，最好的帮助方式包含如下三个要素：**具体化、陪伴、信任**。

害怕感往往是不明确的、摸不到的，它使人呆若木鸡，并由此加剧。**具体化**是指，区分害怕感并将其看作是具体的事物。一个孩子晚上感到害怕，如果成年人说：“这里没有什么东西啊！”——这也是成年人最先想到的话——大多情况下是起不到任何帮助的。有帮助的是什么呢？坐在孩子床边并跟他一起聊聊他所看到或听到的东西。也许孩子看到了一只骇人的动物，又或许听到了喃喃自语的声音。这时，成年人便可以将其具体化并解释道：“你看到的这个黑黑的块状物呢，其实是月光从窗户透射到房间来所形成的影子……”“你听到的声音其实是暖气管流水的声音……”有时候这些还不够，然后就需要具体的救急办法，例如：打开一台夜灯来驱散“讨厌的影子”。如果孩子上学前一天感到害怕，那就告诉他有哪些同学是他在幼儿园就已经认识的，这或许很有帮助。此外，第一次与老师的接触，又或者共同去参观一下学校的教学楼，这或许也是有帮助的。只有重视孩子的害怕感并将其具体化，才能做出上述具体的行为。至于“去学校有什么可害怕的呢”这一问题，其实可以有很多回答，例如：“老师不喜欢我”，“我在学校迷路了”或者“其他同学都很讨厌”。每一种回答都需要有相应的帮助措施。

孩子的害怕感需要陪伴来消除。这种陪伴包括具体的询问，或者一个拥抱。如果孩子在害怕感中有一种被“丢下”的感觉，那么这种害怕感就会加剧。如果害怕感没有被分散，那么它也不会在某个时刻表现出来。如果孩子得不到具体的帮助，那么他们的心里的某一部分便会停留在这个阶段，不愿长大。

孩子也需要信任，从而应对挑战并克服害怕感。“你做到了。”但这种信任需要有一个基础，否则就会变成一种空泛的压力，并让害怕感得以滋生蔓延。信任的基础包括我们目前为止所提到过的因素，即克服害怕感时的陪伴、具体化的询问、重视害怕感。这无疑就像走钢丝般惊险忐忑，成年人在此过程中总是会陷入一种“走偏”的危险。

当孩子的害怕感受到重视、被具体化且得到陪伴时，对他们“自救力”的信任可以表现在如下方面：和孩子一起描画一只骇人的食肉动物、一起谱曲、一起编写一条咒语或者找出一种魔法手势，总而言之：设计出有助于驱散害怕感的方式。

倘若孩子没有感知到这种帮助，或者有过某种创伤性经历或其他过重的负担导致这种害怕感非常强烈，以至于超出了孩子能够克服的范围，那么这种具体的害怕感便会成为一种基本的情绪。一个感到害怕的孩子会变成一个胆小的孩子。这种现象有时表现在：不明确的害怕感仿佛自由浮动、来回飘荡，然后“着陆”在生活中这样或那样的事情上。举个例子：艾尔克遭到一位同学的殴打，并由此产生了无助的感觉。这种无助感对他产生了深刻的影响，甚至可能造成内在的创伤，他无法克服这种感觉并逐渐感到害怕。久而久之，无助与害怕感便成为他的一种基本情绪，以至于他以前最喜欢骑的脚踏车，现在也不敢再骑了。另一些孩子有一种很强烈的害怕感（例如怕黑），像许多其他感觉一样，它能将其他所有的恐惧都叠加起来。由此，源于未知的、具有挑战性且包含潜在危险事件的具体的害怕感则变成了一种天生的恐惧感。

上述两种害怕感不仅在具体感受和行为上有所不同，在神经科学研究领域，确切地说是在大脑研究结果中也有明显的差异。一方面，人类拥有多种多样的感觉，从而帮助他们在生活中做出自发性的行为；另一方面，早在人类祖先与猛犸象和剑齿虎相互斗争的原始时代，就已经存在一种人与许多动物共有的**“生存保证程序”**。当人类的生存受到威胁时，这种程序就会启动。这种困境应急程序包含许多生化过程。就感觉层面而言，天生恐惧感也在其中。

有天生恐惧感的孩子需要安全感。为了重建信任，他们需要得到保护，并确保不受威胁。父母和其他教育者往往对此感到负担过重，于是不得不求助于专业的医疗机构。

具有生存害怕感的孩子，都有至少一次被强烈威胁的经历，例如暴力、交通事故、性侵犯、被人抛弃以及其他类似的经历，或者反复多次使他们感到无助的威胁经历，如父母中有一方脾气暴躁、在学校受到欺凌以及父母常年争吵不休等。但无论如何，还有一个因素必不可少，即孩子在害怕感中有一种自己被抛弃的感觉。当孩子感到威胁时，他们需要支持与帮助、需要团结、集体性和安慰。不论是三岁小孩还是十三岁的青少年都是如此。倘若他们没有获得上述东西，不管是出于何种原因，害怕感便会战胜他们，具体的威胁则会变成一种持续的威胁、一种生存的危险。

这里还需要提及另一种害怕的形式。我们在治疗中遇到一些孩子和成年人，他们在童年时期经常去寻找自己害怕感的来源和起因。许多当事人找到了一些线索，但并不是所有的人都能成功。当我们问及其父母或其他重要监护人的害怕感时，没有找到线索的他们总是能够联想起自身的害怕经历。此外，我们总是听到如下回答：父母，或至少父母中的一方曾经是或者一直是胆小的人，至少是阶段性地生活在害怕和威胁中。这种害怕感往往不会被公开地说出来，但却像空气般，始终存在于这个空间之中。这种如雾般的情绪逐渐传递到孩子身上，然后进入他们的灵魂。“每当我放学后踏进房间时，就会不自觉地产生一种害怕感，也不知道为什么。”一位十四岁的小女孩如是说道。其他孩子或许不是在一个具体的时间点或一种具体的情境之下感到害怕，但这种不明确的害怕感却渗入他们的心里。我们在这里将其称为“被迫害怕感”，因为它并不是基于自身经历、压力或威胁而产生的，而是由被动地从父母那里得来的。首先，识别出这种“被迫害怕感”是尤为重要的，因为处于被迫害怕感之中的孩子大多会尝试着与这种害怕感作抗争。一旦失败，他们便会责怪自己不够勇敢无畏，无法战胜恐惧感，这会导致他们今后缺乏安全感。其次，成年人，尤其是父母的帮助也是必要的。如果胆小的父母说出自己的害怕感并为之命名，如果他们向孩子这样解释：“这是我害怕的感觉，你有其他的感觉吗？你可以拥有其他的感觉。”如果他们为自己做点什么去克服这种害怕感，那么便不会有“被害怕”的危险，孩子也有机会重新驱散那种“被迫害怕感”。

1.24 麻 木 感

埃里克被其他孩子称作“僵尸”。这个外号是合适的，甚至可能比孩子们所知道的更名副其实。埃里克对一切都很冷淡，没什么感觉。当老师在其他同学面前惩罚他，或者女孩子们嘲笑他时，他只是耸耸肩而已。当他被父亲殴打之后鼻青脸肿地来到学校时，他只是笑着说：“没事儿。”或许这种冷淡中的一部分只是装出来的，甚至是一种手段，因为埃里克有点喜欢自己“与众不同”的样子，也很享受其他人对他的敬畏、关注和诧异。他虽然没有因此而在青少年群体中成为领导者，但却是不可侵犯的，因为一旦打起架来，他是没有底线的，既不会考虑到自己，也不会考虑其他人。

“僵尸”是指恐怖电影中的“不死者”，即活着的死人。在埃里克身上，有些东西已经“死去”，至少他的感觉中的一部分已经被麻木感所替代。而麻木感也是一种决定情绪性行为的感情冲动。当然，麻木感不可能代替埃里克所有的感觉。我们在一些成年人身上也看到了这种绝对的麻木感，但希望这种感觉不会在孩子身上扩散和实现，因为他们的人生经历尚短，他们身上还有足够的活力未被释放或挖掘出来。

那些识别出麻木感、无法忍受埃里克的某些特定经历的孩子所产生的麻木感与埃里克的麻木感相同。四岁时，母亲因为受不了父亲的毒打而逃走，但埃里克很敬重自己的父亲，并原谅了他所做的一切。母亲因为绝望而得了病，埃里克便跟着父亲一起生活，他觉得母亲背叛并且抛弃了他，几乎每天都能从父亲嘴里听到“荡妇”

之类的辱骂字眼。父亲曾经是唯一一个陪在埃里克身边的人——虽然这个人不时地殴打他。一边是爱，另一边是愤怒和无助，他无法化解这两者之间的矛盾冲突，于是便将自己所有的感觉，主要是上述两种感觉之外的感觉"转换"成了麻木感。

每当孩子有类似埃里克的经历且无法忍受时，就会产生麻木感。在这一层面上来说，**麻木感的产生其实是一种避免生理或心理崩溃的保护反应。**除了身体上遭受的多次暴力，这种崩溃也包括令孩子变得孤独和不安的悲伤体验、性侵犯或其他会造成伤害的性挑逗行为、多次的虚空感等，对此，麻木感就像是一件"防护 外衣"。

麻木感的后果可能是戏剧性的。孩子可能变得野蛮粗暴，不仅对自己，对他人也是如此。他的同情感消失了。而有些孩子为了重新获得感觉甚至开始自残，有些则会伤害其他人。

重要的是，人们要将这类麻木感识别出来，并且不能从根本上将其误解为性格缺陷或攻击性，尤其是对于孩子更不能如此。然而，有些人如果接受了医学治疗和帮助，却没有表现出任何个人性格上的发展变化，那么他便会形成一种冷漠的性格。然后，麻木感可能导致一种失控的、带有伤害的攻击性——这种情绪是不含"歉意"的。如果麻木感被识别出来，人们便可以去寻找其源头及诱因。有麻木感的孩子需要得到医疗帮助，从而通过其他方式来克服这种麻木感。他们需要从其他人那里获得自己丢失的感觉：同情感。他们需要一面镜子来告诉自己什么地方出了问题，这种状态会对自己和他人产生什么样的影响。此外，他们还需要人们有耐心和热情地陪伴他们，因为走出麻木感的笼罩的过程也是再次面对痛苦和不快的过程。只有他们这一次不再只身一人去面对，而是有成年人给予安慰、帮助和陪伴时，他们才可能成功走出麻木感的笼罩。

1.25 安 全 感

孩子们需要安全感，就像是需要维持生命所必需的粮食一样。一旦他们（再也）感受不到这种安全感，他们便会失去内在依靠，有时也会失去节奏，失去自主性和自信心。

为了获得安全感，孩子们需要信任。如果成年人陪伴在身边，遵守诺言不离开他们并信任他们，那么他们就能感受到安全感。成年人陪伴孩子的时间多少并不是最重要的，更为关键的是，与孩子在一起时，成年人要支持他们，并且遇到突发状况而无法遵守诺言时，要真诚地跟孩子道歉。孩子很敏感。他们知道哪些人信任他们，而哪些人只是做做样子而已。他们知道一个成年人对自己是真诚以待，还是“错误地”以及运用策略去应付自己。

安全感需要规则和仪式。

入睡的仪式、一起用餐的时间、收看晚间电视节目、散步……所有这些反复的活动形成了一个框架，孩子们可以在其中自在地玩耍，也可以完成一次探索之旅。孩子能做什么、不能做什么，也属于规则范畴。那些可靠的、有时也允许出现例外的规则仍然作为规则而存在，以便孩子知道自己该遵守什么以及无须遵守什么。非强制性的规则，灵活可变的规则，仪式以及重复活动的重要性也在孩子对时间的体验中得以建立。孩子的时间体验是周期性的，受到循环往复的活动的影响。一年四季往复交替，每周都是一个循环周期，去幼儿园或小学是周期性的，周末也是周期性的，节日和生日、晨起时间都有固定的日程安排，此外还包括一些其他的特殊仪式。孩子所认为的可靠并非“精准到每一分钟”，而是一种他们在自己所处环境中，基于自己的生物钟所制定的一种时间体验和时间行为。如果孩子在成长过程中出现跳跃性发展，那么他的日程安排就需要做出调整，由此才能重新变得可靠。这种时间体验给予孩子安全感，也需要为此而努力。因为到了青春期，青少年的时间体验才开始和成年人一样指向未来，有意图、有目的、有期望地去安排自己的时间。这种转变可能很困难，因为孩子或青少年自身尚未明确形成自然而然的身份形态，或者他们原本的形态根深蒂固，因此还无法完全适应新的时间体验。

安全感也需要温暖。

被爱，或者至少为人所喜欢，一种温馨的氛围、一个爱慕的眼神，以及赞扬肯定的话语……这些都形成了一种温暖的保护层，营造了一种安全感。

安全感需要信任。

如果孩子觉得受到背叛，或独自承受恐惧，如果他们感到羞愧或在无助中没有获得任何帮助，安全感又如何建立并成长呢？所有有碍于信任的东西，也都会阻碍安全感的产生和形成。所有有利于建立信任的东西，都将增强安全感，也由此加固自信的基础。

1.26 错误与正确的感觉

孩子犯错是很正常的。成长是一个持续不断尝试和犯错的过程，在模仿他人和勇敢做自己之间来回转换。孩子犯了错并收到反馈，这既不糟糕，也不是缺陷，可爱的、至少真实的错误反而很有必要。

如果指出孩子错误的语调很强硬或带有抱怨、贬低和羞辱的语气，那么，错误便会与某种形式的惩罚联系在一起，每一次犯错听起来都像是“又一次”犯错，缺乏相应的评论或批评、表扬，然后，孩子会获得一种感受：我犯错了，没有得到支持或陪伴，而是受到了贬低。从这一经历中，他们会形成一种基本观点：我所做的一切都是错的。孩子告诉我们这些，就像那些已经无法自己掌控命运的“老人”一样，听天由命。

这种经历对于孩子的自我认知与世界观的形成有相当负面的影响。还有一种更为糟糕的“升级”：**我是错的**。孩子不仅认为自己当时的行为是错误的，甚至对自己的身份认同产生了质疑，认为自己也是错的。他们的自我评价观产生了缺陷。童年时期有如此经历的成年人这样描述其当时的感受：他们感觉自己的人生已经毁掉了。

一个孩子对自己的经历做出如此绝对的评价，并不是一朝一夕的事情，也不是生来就有的。这是在持续且深刻的异化经历和无望中逐渐积累而成的。没有被接受的人始终是外人。不被接受和认可的人，就会迷失。无法听到、看到、感受或明白“我是正确的”的人，无论何时都会觉得自己是错的。

我们从许多孩子那里了解到，他们坚信自己在出生之后曾被人调换，他们不是自己父母亲生的小孩。有些孩子沉默不语，而有些则变得偏激，他们总是很孤独、很无助。有些孩子觉得自己就是个错误的存在，例如：他是一个男孩，而这个家庭原本是想要生个女孩的，又或者家里想要生男孩而她却是个女孩，等等。我们经常从有些女士那里听到，她们童年时有很多年都有自己是一个“男孩”的感觉，以至于在青春期从女孩逐渐变为女人这一过渡时期内，她们的外在身体特征发生明显变化的同时，会莫名有一种“错误”的感觉，这将影响到她们的自我认知。

“犯错”和“原本不属于这个家”之类的话题和情节经常出现在儿童和青少年读物中。例如：一个家庭中的小男孩受到父母和哥哥的排挤和刁难。他做的一切都是错的。他认为自己是错的，然后便开始梦想着拥有其他的父母。这时，突然出现一位信使，声音沙哑但很真诚地对他说：“你不属于现在这个家，你只是暂时寄养在这里的，因为你的亲生父母已经过世了。你原本的父母是很特别的人，所以你也是很特别的人。”养父母受到了惩罚，刁难小男孩的“哥哥”也受到惩罚。小男孩被带离这个家，他换上了新的衣服，收到礼物并被带往另一个地方。在那里，他交到了很多朋友，也经历了一场冒险之旅，在此期间还成了一位英雄。这个小男孩的故事的特别之处在于，他并非融入另一个家庭中而得到解救，而是进入了另一个世界，一个魔法世界。这个小男孩叫作哈利·波特。他的故事是无数感觉自己是个“错误”但无人解救的男孩和女孩的梦。

是什么帮助了哈利·波特？他获得了一种感觉，即自己身处正确的地方，自己是一个“正确”的人。他找到了朋友（也有敌人）。他有了一个明确的任务，那就是学习，并努力成为更好的人。此外，他对自己的身世也有了新的了解，虽然父母已经去世这件事有点悲伤，但他们的离世却是因为对儿子深刻的爱。在这段身世中，他能够重新找到自己，有了属于自己的位置并对自己感到认可。所有这一切也是那些认为自己是个“错误”的孩子们所梦想的故事。为了使孩子感到自己是“正确的”，需要给予他们友善、爱意、温暖，并接受他们原本的样子，为他们所有的感觉提供爱和空间，这也是我们这本书目前为止所一直在强调的。由此，安全感才能得以增强，每个孩子也才能实现自己的基本权利，即做一个正确的人。

2

“感觉”与大脑的协作

孩子的感觉世界在他们出生时尚未受到影响。他们学习“情绪感觉”。这一过程是如何发生的？这其中又有哪些经验和程序起了作用？为了帮助那些在情绪世界受苦的孩子们，很有必要了解上述两个问题的答案。

2.1 孩子如何学习“情绪感觉”

情感生活是如何发展的?

感觉有何作用，才得以让人类很好地适应这个世界?

那些已经根深蒂固的感觉（包括行为）如何能够发生改变?

20 世纪 90 年代以来，脑神经科学领域对上述这些问题给出了最为深刻且富有意义的答案。在此之前，脑研究者们只能对脑部拍快照，只有单向、静止的照片。此后他们可以拍动态影像来清晰地展示和说明，当一个人遇到一只吓人的蜘蛛或者看一个自己所爱之人的照片时，他们的脑中发生了什么。

我们接下来将介绍其中的几种认识，作为我们基于单个感觉所得出结论的理论基础，同时也深入介绍孩子在处理感觉时需要些什么。

> ① 一个重要的认识是，以前那些认为感觉和思维是由不同中枢各自独立控制的观点已被超越。感觉在人脑所有的基本过程中均产生了作用，而且是重要的作用。这要从感知开始说起。

每个人通过自己的感官所感知到的东西远远超过自己所能触摸和抓取到的东西。如果所有的感官感知都未被分流，那么这个人在短时间内便会出现生理上的崩溃。因此，当我们的感官获得感知时，大脑的一个选择中枢就已经开始运行了。

大脑的选择有两个标准：这是新的东西吗？以及这重要吗？

对于是否分析或熟悉这个问题，大脑会追溯存储记忆。对于获得的感知是否重要的问题，大脑将运行边缘系统，也就是首先产生并调节感觉的系统。以气味示例：如果一个孩子闻到面前的奶酪而感到恶心，那么大脑最先感知到的便是奶酪的气味。仅几周大的婴儿就能区分出自己母亲和其他人衣服上的味道——大脑边缘系统认为这种气味比其他气味更为重要，因为它与温暖和爱有关。

> ② 无论是感官感知，还是大脑的其他职能，大脑都必须区分哪些是重要的，而哪些则不重要，并且总是要“询问”边缘系统。感觉是一种**评价机制**。

尤其是那些不得不快速做出、没有时间去慢慢判断其对错的评价，均由感觉来决定。感觉指导自发的行为。当一个孩子因为听到即将驶来的货车声而吓得不敢过马路时，当一个孩子看到慈爱的祖母而高兴地伸出双臂时，都是感觉决定了行为。如果一种陌生的食物使人感到恶心，那它便会被吐出来；如果一个人对某件事感到很生气，那么他便会试着改变这种现状。感觉是指导行为的，它们会对当前做出评价并延伸向自己的世界。

这至少适用于自发的、快速的决定。但对那些需要并允许较长时间思考、辅助着记忆和理智而做出的决定而言，女性脑研究者们认为，感觉起到了更为重要的作用。所有这些都证明：一种丰富的、多样化的感觉生活有利于孩子更好地适应这个世界。

> ③ 无论孩子学习到什么，以及如何学习，感觉都在此过程中起到了很大的，更确切地说是至关重要的作用。

如果孩子对一本学习资料感兴趣，那么他的学习效果就会比不感兴趣的情况下更好一些。**愉悦感**能够促进学习。孩子们一点一点且劳逸结合的学习获得的成效最好。压力和紧张情绪会影响学习能力。好的教育者们所熟知的许多观点已经得到脑研究者们的证实。

其生物学原理很简单：不仅对于感知，对于存储的新信息，大脑也会区分这些东西是否重要，并“询问”感觉。所有的新信息在脑中均首先进行工作存储，类似于电脑的运行。尤其是在睡眠过程中，重要的信息会从工作存储状态转移到脑部的固定存储区域，尤其是神经皮层——这里仅指那些被认为重要的信息，而并非所有信息。一种信息也可能因为此前大脑的“无知”而受到惩罚，并由此引起害怕感而被“升级”为重要的信息。但更有影响力的是，对一件东西感兴趣或感到好奇时，会强化想要将所学内容存储下来的动机。

④ 脑研究者们称，**大脑始终在学习。**

如果询问有关家庭作业的问题令人感到有压力，且在监督之下孩子害怕完成作业，那么他们便会学到，学习会使人产生害怕感。如果数学课很无聊，那么孩子便会学到，数学（或者学校）是令人感到无聊的。

⑤ 学习跟个人有关。

对此脑研究者们已经证实，许多父母也在自己孩子身上观察到了这一点。例如，来了一个新老师，孩子们认为这位老师并不认真负责，那么他们的分数就会下降；但是地理课成绩总是刚刚及格的孩子由于新老师的鼓舞突然拿到了优秀的成绩。

相互关系会引起积极或消极的感觉，关系也由此影响着学习行为和学习成果。

⑥ 感觉的体验也会被储存在大脑中。

如果一个孩子很伤心并获得了安慰，那么，在他的脑中便会留下记忆，即安慰和支持有利于人们走出悲伤的情绪。当他下一次遇到伤心事时，这种记忆便会被唤起。正如我们所说的：大脑始终在学习。如果孩子独自伤心，并因此被人嘲笑（“爱哭鼻子的人”），那么，大脑也会对此进行存储，这个孩子以后在情感上就会变得很内敛。这类经历越是频繁和深刻，对孩子处理自己感觉的方式就愈加影响深远。

如果孩子由于这类糟糕的经历而在生活中深受折磨，那么他们需要的不是教导，而是如何处理感觉的新体验——这种新体验可以是在治疗过程中获得的，也可以在父母那里或其他生活领域获得。

如果父亲能够强忍从职场上带回来的愤怒，如果父母双方因为琐碎小事就易怒且经常吵架，如果哥哥嘲笑妹妹……那么孩子就会以他们为“榜样”。然后，大脑同样会将其加以存储。孩子们会认识世界，观察很多东西，会去模仿和尝试。“榜样”会被直接加以描画和模仿。又或许孩子们发誓：我永远也不想变成像我那酗酒又有暴力倾向的父亲一样的人！——孩子们会尝试着变成与此相反的人，他们会压制自己的偏激情绪。这里也体现了对榜样的学习行为，不过这是一个负面的榜样。

⑦ 孩子需要好的榜样，这样的榜样要真诚且经常与孩子产生感觉上的互动，从而使孩子学会感觉。

此外，他们需要得到许可，以便产生对感觉的自我体验。神经科学家证实了学习榜样的重要性，并普遍强调，学习首先要建立在有意义的体验之上。对于每一种感觉，大脑都会搜索迄今为止所存储的情感经历。孩子必须拥有能够产生这类体验的机会。孩子也会通过感知来向榜样学习——这也是通过感觉去学习“感觉”。

> ⑧ 从青春期开始，感觉会产生一种变化。

从生物学角度来说，神经皮质内的体验也会得到加强，它们虽然会继续变化，但神经通道会被某种保护层所环绕，并由此使之得到保护和稳固。以这种方式得到加固的最后区域便是大脑中存储数值以及评价标准的区域，就像孩子学习榜样和自身经历过程中情感体验的“结果”。现在需要强调他们自己的，不同于父母和其他成年人的东西。为了突出这种区别，孩子们往往会借助一些外在的符号，例如衣服、外貌、语言、音乐、其他爱好以及身份认同等。

自己的东西尚未得到稳固，尚不确定，有时甚至还很脆弱。强调自我价值有时听起来也略显稚嫩。青少年探索并尝试着找到自己的感觉和行为方式。他们的身体也在发生着变化，一旦成年，他们的许多社会关系发生变化后，他们便应该也想要在各自的圈子中找到属于自己的位置。所有这一切使他们的感觉生活乱作一团，同时也加强了他们的感觉生活。他们想要变成自己理想中的样子。但他们理想中的样子是什么呢？他们自己却也不是很清楚，有时可能每天都在变化。这一时期，父母和其他教育者能够为孩子做的最好的事情，莫过于尽可能地给予孩子空间和信任。青少年需要耐心和自由空间，但他们也需要有一个互动者，从而在不断的接触和摩擦中确定衡量和评价的标准。

> ⑨ 我们还想深入介绍孩子和青少年感觉的一个特点，这一特点已得到脑研究者的证实和进一步强调，即**史前感觉**。

我们说的这种感觉是指在生存受到威胁的情境下所产生的那些感觉。这种表现在许多动物身上的感觉反应产生于原始时代，那时的人类几乎每天都会面临生存危险。一只剑齿虎正如雷般咆哮时，那时的原始人有三个选择，每一种选择都伴随着不同的感觉：第一，搏斗，带着所有的攻击情绪尝试打败这只虎；第二，逃跑，出于害怕"撒腿就跑"；如果上述两种选择都行不通的话，那么就剩下第三种选择，将自己隐藏起来，此时他全身僵化，没了感觉。

如今已经不再有剑齿虎和猛犸象，却有汽车。汽车发出的尖锐刺耳的刹车声有时也会使人产生类似于剑齿虎情境中的"僵化"状态。令孩子（和成年人）感到生存威胁的情境有很多。每一次的危机都是一种生存受到威胁的体验，每一次性暴力或其他暴力所造成的创伤都可能使孩子和成年人在今后的生活中产生我们上文提到的"史前感觉"。对于每一个进入大脑中的信息，大脑会检测其是否与生存威胁有关。大脑的边缘系统中有专门的区域负责进行这项检测。一个曾住过医院且有过生存威胁感的孩子的大脑能够通过电视中的特定场景或医院的气味启动困境生存程序，产生"史前感觉"：他会做出抗争，仿佛自己身临其境般，会惊慌地逃走，也可能全身僵化、面无表情。

所有这些知识均体现了孩子感觉的重要性，也证实了我们的观点，即**孩子的感觉需要得到尊重、支持和重视，**但这同时也说明，**感觉就像天气，不可捉摸，也不可控制。**对此，我们必须调整好自己的状态，也必须重复使自己感到惊喜或惊讶。以前，人们曾尝试对思维和情绪进行绝对意义上的区分。脑研究结果表明，这两者是不可分割的。以前，人们也曾试着为每一种情绪找到其在大脑中的具体对应位置。现在，人们已经明确这是不可能的。每一种情绪都包含了大脑中的多方参与。情绪感觉是一个极为复杂的过程，禁止了单个简单图示化的形成。情绪更像是一块土地，人们试着去不断地开发它，但所开发的每一小块却又没有完工。有些会变得越来越熟悉，有些则唤起我们探索的兴趣并始终令我们感到惊叹。

2.2 孩子情绪问题的解决方案

情绪的多样性有助于孩子更好地应对周围环境。表达情绪感觉的方式多种多样，每个孩子都不同。

感觉会带来痛苦这件事本身是没有问题的，情感上的痛苦也会周而复始。对孩子来讲，为感情所困则是最困难的事情。受困之后，他们感觉的方式会受到限制，情感表达的可能性也会降低。随之降低的还有走向社会以及与社会产生互动的可能性。我们将简要介绍一些受情感困扰的最为常见的形式。

一个孩子的情感过程有时会被打断。然后，孩子便无法继续完成这一情感过程，感觉也就消失了。

例如，大多数人认为悲伤的过程是一幅含有多段起伏的波形图。悲伤达到一个顶点，然后逐渐下降，接着再次升高，或许不会升高到之前的位置，随后再次下降，如此不断变化。特定事件、记忆也可引起波段发生变化，使其再次升高并获得新的力量。但这种起伏会逐渐消失。如果这一悲伤过程被感受到，那么它就是一个释放和终结的过程。但如果它被打断，孩子便会被困在这种情绪之中，它可能长时间，甚至终生伴随着孩子。那么，一个孩子如何被悲伤所困呢？举个例子：他的这种感觉被禁止了。“够了！从现在开始你不准再伤心了！”这类话语是孩子陷入悲伤情绪的促进剂。我们的治疗经验表明，如果孩子知道这是一种困扰，并且“禁止”变成了“允许”，他们可以释放自己的感觉，那么这种形式的困扰就能够得到化解。

孩子另一种为情感所困的形式是：他们独自一人面对重要的感觉。

如果一个孩子觉得自己犯了错，但又无人与他分担这种感觉，那么，从其他角度去看待错误并告知这个孩子的方式是无法改变其观点和态度的。一个无法与人分担羞愧感的孩子会被困在这种感觉中，由此，羞愧感便可能伴随其一生之久。对许多其他的感觉而言也是类似的：从被骗的感觉到无助感，从孤独感和上文提到过的悲伤感到愤怒。解决这个问题的一个有效的方式是：一个可以让孩子信任的成年人去帮助孩子，用一些技巧，找出一些与孩子交换感觉的方法。那些隐藏在孤独感中的感觉必须能够变得“公开”。然后，也只有如此，这些感觉才能逐渐消退。

如果一种感觉是无法为人所承受的，或者这种感觉体验难以承受，那么孩子就会将这种感觉转换成另一种感觉。

例如：孩子会渴望被亲近、关怀并得到热心的问候——但他们没有得到。他们的渴望没有得到回应，他们伸出的臂膀没有抓到任何东西。长此以往，这种体验令人难以承受。那么，孩子很可能将他们的渴望转换为另一种感觉：变渴望为愤怒！如果孩子现在感受到想要被亲近的渴望，却无法被满足，那么，原本增强的不是渴望，而是愤怒。孩子们并非满怀期待地伸出双臂，而是用力击打。只有当那些曾不可承受的东西及由此引发的“转换”被识别出来，且原本无法实现的东西变得可以被实现时，孩子们才会放弃去尝试克服那些无法被克服的东西。如果渴望能够再次成为渴望，如果伸出的手臂没有“扑空”，而是抓到了人，那么，我们之前所说的那种感觉“转换”就可以被解除了。

另一种避免获得难以承受经历的方法是：孩子降低其情感性的

整体水平。

不过这里存在一个主要因素，即引导孩子产生这种反应，也就是让他们知道，自己的感觉没有得到回应、不被认可甚至是被禁止。如果“无聊”令人感到痛苦而非悠闲的话，那么这类情绪便是降低情感性的一种常见形式。其他形式可以是那些能够使孩子们认为“感情表现也不过就是这些”的过度的学习热情或其他娱乐活动。

一种情绪有时会叠加在其他所有感觉之上。

例如：我们所说的“害怕感”可以强烈到一定程度，以至于其他所有感觉都受其影响，甚至被其压制。这一过程通常都开始于一种具体的害怕，一种孩子靠一己之力无法克服的害怕感。然后，这种害怕感会滋生蔓延，侵入整个感觉系统并叠加于其他所有感觉之上。此时，必须将这种害怕感具体地识别出来，并与孩子一起找到一些不仅能够保护他，也令其不再独自一人面对恐惧的办法。

我们所选择的用于描述不同形式“受困于情感”的感觉只是一部分。每一种感觉都可能使孩子“受困”。

3

了解孩子的情绪感觉，应该怎么帮助他们

3.1　我们从孩子的感觉中能学到什么

“童年时，我不会笑。在家里不存在笑这种东西。我的母亲病重，我的父亲为此压力很大，笑会令人感到难受，没有人会一起笑，这种氛围几乎令每一种笑窒息。我觉得，作为孩子的我在外面玩耍时可能偷偷地笑过，但后来我也没笑了。在学校也没有什么可以令人发笑的人或事，我成了一个严肃的小孩。

“当我有了自己的小孩以后，我才重新学会了笑。其实之前与我夫人在一起的时候我就已经学会了一点，但严格来说，是因为我的孩子。我们一起玩游戏的时候，他们笑了，这种笑感染了我。我必须每次都跟着他们一起笑。我的孩子们教会了我如何去笑。这是多么美好的礼物啊。我很感激他们。”

许多成年人都像这位男士所说的一样，在他们的童年时期失去了一些东西，在他们自己的孩子或其他孩子那里又重新学习到这些东西。成年人可以从孩子身上学习。他们能够学习玩耍，也能够在孩子身上重新发现并接受那些已经失去的以及不同特性的感觉。以下三种孩子感觉的特性对我们而言尤为重要。

① **直接性，**孩子表达其感觉很直接。

玩具掉了，孩子就会伤心。不需要前奏。能够表达感觉的孩子们都是直接且自发地将其表现出来的。正是这种直接性强调了感觉存在的权利。人类和部分动物进化出了边缘系统，能够释放和表达感觉这一事实增加了他们的存活机会。因此，这一边缘系统在进化过程中得以加强，并始终与其他系统区分开来。我们在前面已经提过，感觉是有意义的，因为它帮助人类去区分他们的感知系统中哪些感觉是重要的，哪些则不重要。感觉的作用远不止这些，感知是与行为冲动联系在一起的，尤其是那些自发的、直接的行为。恐惧使人退缩；渴望拓宽了眼界，令人张开双臂；愤怒加强了情绪，攥紧拳头并引发争斗；恶心的东西会被吐出来；爱吸引人并使人亲近……**感觉影响着我们的行为，尤其是我们的自发行为。**人们无法用感觉去计算一座桥的力学平衡。想要找到一条干燥的通道，于是，尽管怕水却也决定要在河面上建一座桥。

感觉影响着我们的自发行为（对于长期的行为，我们有理解力作为基础）。成年人和孩子均是如此。由于标准、规范的存在，受伤或生病的经历，还有在学校或教育过程中学到的单向思维理解能力，许多成年人都失去了自发的情感表达能力，即感觉的直接性，又或者这种感觉的直接性会受到限制。对许多孩子而言却并非如此。在这一方面，成年人可以向孩子学习。

② 孩子们忠于自己的感觉，并且义无反顾。

如果爱，他们便爱得持久；如果他们感觉到朋友背叛了自己，那么他们有可能很多年都不会再和这个人有瓜葛。这种感觉的韧性有时对孩子而言是一种负担。对一个亲近的，或曾经很重要的人的悲伤可能会持续很久，尤其是当这种悲伤感很少被表达出来，或几乎得不到安慰时。一种深度恐惧可能会存在很多年，直到深入孩子成年之后的生活，它始终能够引起新的害怕感或加剧日常生活中的“小”害怕。

作为成年人的我们应该了解这种韧性，不只是把它看作一种负担，而且应将其看作一种力量。孩子给予感觉一个机会，他们按照自己的感觉去调整自己的生活状态，他们感性地生活着。只要他们能够感觉并且能够去相信这种感觉，只要他们的感觉不是强制的，或者不为人所嘲笑，那么他们根本不会去想是否该相信自己的感觉。对孩子而言，感觉就像是一根红线，可用以编织他们的社会关系。成年人可以学习这种勇气和情感信任。

③ 成年人可以从孩子身上学习的第三样东西是**惊讶**和**好奇**。

孩子们惊讶于那些对我们而言是不显眼的、自然而然的、令人烦扰的、造成妨碍的或是引人注目的东西，他们会展示给成年人什么是惊讶，成年人也会在他们身上看到另一种观察世界的视角。

孩子的好奇感是人所皆知的。惊讶是表达好奇或回应好奇感的一种直接、强烈，往往也很纯粹的方式。我们认识很多成年人，他们已经失去了惊讶感。就连不少年龄较大的孩子和青少年们对于最高纪录和轰动事件的惊讶感也愈加降低。如果孩子们受到的教育是只能对那些更快、更远、更大、更强以及更加新颖的东西感兴趣并加以尊重，那么，这同时也是在试着通过教育去除他们的惊讶感。吉尼斯世界纪录以及电视上的轰动新闻是惊讶的“敌人”，因为好奇和惊讶不需要任何的记录和轰动。人们可以对一片三叶草感到惊奇，或者对一只鸟的羽毛颜色、对大海的波涛汹涌或是一个温暖的拥抱所营造的氛围感到惊奇。当然，人们甚至也可以对汽车感到惊奇。

从孩子身上重新学到惊讶，是孩子能够带给我们成年人最大的礼物。

3.2 情绪中的孩子需要什么

孩子为了学习情绪感觉并将其用于自己的生活之中，他们需要些什么呢？

这一问题的答案我们已在本书中多处提过，也举了例子。现在，我将试着做全面的总结。我们得出以下五个论点用以说明孩子在感觉中需要什么，紧接着还有五个论点指出父母、教育者们需要怎样做才能对孩子的情绪表示尊重。

当然，这些论点并不全面——因此称为“论点”——这只是主要内容，涵盖了我们在治疗过程中和个人实践中遇到的最常见且最重要的，也深深印刻在我们心中的一些人和事。

① 首先，孩子的感觉需要**被感知**到。

如果孩子沉默不语，且没有表现出情感，这不一定说明他们没有感觉。他们的内心也许正翻滚着情感的浪潮。恰恰那些害怕被公开的感觉，例如羞愧感、害怕、孤独感、失望或绝望，都是孩子不愿向他人倾诉的。这些情绪更多表现在细节之中：微妙的行为变化、微表情或暗示等。这些暗示和小细节往往等待别人去询问。如果这些东西被忽视，那么他们便拒绝被询问，所有的感觉会进一步增强并在周围蒙上一层隐形的面纱。因此，孩子的悲伤并非表现在他们穿上了黑色外衣，而是表现在他们的食欲不振和呆滞的眼神中。他们需要成年人的感知，即使是很轻的声音，他们也希望成年人能够听到。

② 孩子的感觉需要被**重视**。

如果一个孩子感到悲伤，他们需要一个许可，需要自己被允许有悲伤的情绪，他们需要的不是马上递来的纸巾、橡皮糖或“这根本没有这么糟糕……”之类的话语，而是悲伤和其他感觉可以存在的许可。眼泪、愤怒、安慰以及所有其他包含在内的东西都应被许可。一位舞蹈治疗师在一份实习报告中记录了自己与孩子在德国的一次活动。她给孩子们展示了四种感觉，然后将这四种感觉画成星星的形状，并让孩子们设计“感觉之星”。她写下几句话，孩子们随后将其表达出来。例如，一个孩子专注于感觉之后说道：“我希望大人们能明白一件事，那就是小孩子也是人。小孩子应该被当作正常人来对待。”这是对四个下午的工作的一个总结，目的在于说明孩子的感受应该被重视，就像它们原本该有的样子一样。如果他们的感觉被感知到并且得到了重视，这对孩子来说便意味着，他们作为人的身份受到了尊重。

③ 孩子需要确信他们可以拥有与成年人不一样的感觉，周围的情境并不能影响他们。

如果父亲受了挫折，或者母亲感到悲伤，那么孩子依然完全可以拥有快乐的情绪。对立面不仅仅意味着摩擦或冲突，也是对人们可以拥有不同感觉的一种接受和认可。将这一点表达出来是一种极为重要的许可。孩子们需要这种许可，从而使他们的感觉得以存在，否则，他们便会始终处于“适应压力”之中：“我只能拥有我父母拥有的感觉，我只能拥有刚刚被告知的感觉。”我们在治疗中经常会遇到这样的例子。比如：如果一个孩子的父母有一方是悲观消极的人，在他们身上不允许有其他的情感表达，又或者正好相反，他们只允许"阳光"存在，那么孩子也会如此。我们在其他情境中也了解到，孩子的自我感觉被他人所接受是一件多么重要的事情。

④ 孩子的情感需要**榜样**。

一位当事人在接受治疗之初跟我们说，尽管他有着高认知能力和高智商——这正是一个公司经理人所需要的特质——但他的情商却很低。领会感觉并做出情感上的回应对他而言从来都是一件极难的事情。当被问到榜样时，他回答道："我没有榜样。我的家里不存在任何榜样。家里什么都没有，至少没有可以看见的榜样。"在情感表达和彼此的情感交往中，如果没有榜样，那么一个人的情感便难以得到发展。

涉及感觉，孩子们需要的不是教育，而是榜样。诸如父母、教育者、老师之类的成年人，每一种不同的角色对于感觉的表达及其功能，都可以为孩子所学习。无论是否正确，是否有可能性，孩子们都从成年人那里学习去表达自己无助或生气的感觉。孩子从成年人身上学习到，人生气的时候会吵架，但之后又会和解；孩子从成年人身上学习如何去感受爱，以及如何让自己的爱被感受到，或者引导他人去感受爱；孩子从成年人身上学习到，快乐不一定是静态的，人并非只能在中了彩票的时候才露出幸福的笑容。

孩子以父母作为情感上的榜样。如果父母不够，还有教育者或老师。如果这些角色还不够的话，他们便会从电视上或漫画书中寻求榜样。如果父母没有展示人与人如何吵架，猫和老鼠（至少在我们这个年代）便可以做示范。

为了使孩子得到一个榜样，需要特别重视的是，他们身边要有说"**我**"而非"**人**"的成年人。所有被普遍化的、强调"人"必须在情感上如何表现的话语，都会将孩子的感觉扼杀。“小朋友不是这样表达激动情绪的”，“奶奶已经去世一年之久，大家不该再伤心难过了”，“为这样的事情感到羞愧是没有意义的”，“生气没有任何用处”……或许是为了十分确切地表达，诸如此类的话语最终成为一种“情感的种族主义”，因为感觉的好坏是有区分的，因为特定的感觉和特定的交往形式通过感觉和表达感觉得以升值，而其他的则被贬值。“我很伤心”，“我很生气”，“我很无助”，“对于这样的事情我并不会感到羞愧”……对于这类话语，孩子有一定空间去确定自己是否也有这样的感觉，他们可以选择是否想要有这样或其他的感觉，可以选择是否与对方站在同一边或者坚持自己的感觉，优先以自己的方式去表达情感。

⑤ 孩子的情感需要得到**真诚的回应**。

回应是一种共鸣。在回应中，我们告知对方他们在我们这里引起了何种共鸣。孩子需要这种回应，以便感受到他们的影响力，包括他们执拗或伤心时、生气或孤独时的影响力。孩子需要这种回应，但他们不需要那些对孩子而言“最好的”、策略性的或教育性的回应，这类回应的目的在于，从这样或那样的感觉中“引出”这样或那样的行为。孩子需要的是真诚和真实。

孩子有时对成年人的一些特定的感觉表示疑惑，比如：“你为什么伤心？”或者“你为什么生气？”作为成年人，我们可以，也应该努力给出一个真诚的解释，从而尽可能地使感觉及其产生就像其过程一样一目了然。但我们有时无法准确说出生气和愤怒的源头所在。它们更多的是一种心情、一种情绪。然后，我们就会第一次说出“我不知道”，也允许孩子拥有这类无法识别或难以快速识别其源头的感觉。

孩子需要真诚的情感回应，就像吃饭和喝水一样。如果这种情感回应被“遮盖”，如果成年人想要避免对孩子发脾气，又或者他们想要保护孩子不受情感的困扰，那么这种情感回应会停止，并将孩子带入一片情感的空白之地。显然，成年人有保留隐私的权利，情感方面也是如此。他们不必将每一种感觉都告诉孩子。当然，如果孩子承受了太多“成年的”情绪，或者作为前夫或丈夫的“替身”而完全被当作情感的“垃圾桶”，那么他们在某些情境中也会不堪重负。然而，我们的治疗经历所涉及的几乎全都是一种类型的童年，即成年人想要保护孩子免受某些特定的感觉影响，即使他们的出发点往往都是想要孩子得到幸福，但结果却恰恰相反。孩子就像旋涡式吸尘器般将这种被抑制的感觉完全吸入。正是这些“被隐藏”的感觉是“过多”且“负荷过重”的。被列为禁忌的感觉尤其令孩子感到无助，因为他们只是感觉到了这种氛围，几乎可以说是“从缝隙中爬了过去”，因为孩子们不确定自己是否能够真正地相信他们所感知到的这种感觉，又或许他们迷失了自己，因为这种感觉对他们而言是不明确的。他们或许敞开心扉，真诚以待，或许公开地表达自己的情感并获得公开的情感回应。

3.3 成年人在处理孩子情绪时该怎么做

> ① 首先，成年人所需要的，是对情绪、对孩子以及对自己感受的一种兴趣。

孩子的感觉和成年人自身的感觉是相互联系的。当孩子的感觉与我们的感觉不一致时，作为成年人的我们如何对孩子的感觉感兴趣呢？当我们连自己的感觉都会忽视时，又如何能够重视孩子的感觉呢？在治疗中，我们总是会遇到这类问题。如果父母或教育者无法应付孩子的某些特定感觉时，我们往往会问他们："您无法忍受孩子的愤怒——那么您又如何对待自己的怒火呢？您会发火，还是忍着愤怒忍气吞声呢？"孩子的感觉和成年人自身的感觉之间总是存在联系，对于自己感觉的兴趣总是能够顺延到对于孩子的感觉之上。

本书中，我们已经多次指出孩子在情感表达和情感交际中从成年人"榜样"身上学到的东西之多以及程度之深。为了使成年人对孩子的感觉产生兴趣并重视他们的感觉，成年人必须要探究自己的"榜样"角色。忽视孩子悲伤的人，往往也忽视了自己的悲伤。对未成年人的害羞感到不安的人，也会不安于自己的害羞感，或许还会对自己害羞的经历感到难以启齿。

请不要误解我们，我们既不主张必须时刻"清楚"自己的感觉，也不支持追求任何一种形式的完美。我们认为，孩子不需要这些，这些甚至会扼杀孩子。孩子们需要的是，成年人敞开心扉，然后坦然地接受孩子们的感觉，并且与他们一起前行。

② 成年人在情感回应中需要信任。为此，我们需要鼓起勇气，去重视那些我们与孩子相处过程中内心所泛起的情感涟漪。

当我们问一个孩子刚刚发生了什么以及他的感受时，孩子往往会这样回答：“没什么，一切都好。”从表象来看，从我们直接的感知来判断，我们没有理由去质疑这个孩子的说法。但与此同时，我们却在内心感受到一些我们无法真正企及的东西，例如害羞。这种害羞在许多情况下可能是对孩子的一种回应，是一种暗示，即孩子自身也是羞涩的，或许他们羞涩到甚至无法将其表达出来。在一种具体情境中对自己与孩子的相处感到无助时，这往往反映出孩子的无助。如果成年人与孩子相处时出现了这种情况，那么这往往暗示着孩子也出现了这种情况。

上述这些并非必然如此，自身的羞怯能够通过其他的东西被消解，自身的无助不一定要在孩子身上再次出现。但值得我们去追踪这一痕迹，说出基于自身回应所产生的猜测，并给出相应的询问。这不仅有利于治疗，也能够在日常生活中起到一定作用。

③ 成年人需要有成为榜样的勇气。

榜样不是像纪念碑那样成为特定价值和行为方式的“典范式”代表。鸽子会驻留在纪念碑上，但孩子不会。孩子需要鲜活生动的榜样，成年人则需要有勇气将榜样这件事做得有棱有角、有模有样。孩子在玩耍中认识世界。玩对孩子而言是一件严肃的事情。他们在玩耍时也需要我们作为榜样。当我们在玩耍过程中产生感觉、表达感觉并在彼此之间做出情感互动时，我们对孩子而言是榜样。孩子必须玩耍。

孩子学习玩乐式的尝试，学习实践和探索，同时学习支配自己的情绪。他们是讨人厌的小偷，或者是四处张望的警察；他们是受人喜爱的公主，又或者是冷酷的王子。他们将自己看作其他人，并尝试着以他们的角色去适应这个世界，也同时适应他们的情感。作为成年人，我们必须允许自己参与其中，同他们一起玩，这是大多数成年人都已经失去的东西。那些与自己的孩子难以相处的成年人在治疗中向我们讲述这些经历，并问道："您是如何与您的孩子相处的？您和孩子一起做些什么？您和孩子玩什么呢？"这类父母几乎就像他们自己所说的那样，无法与孩子玩，因为他们没有时间。他们为了维持生计而奔波，忙于工作，习惯了成年人的规则；他们太忙以至于没有时间关心、关心、再关心自己的孩子。至于如下问题："如果您现在可以拥有魔法，您可以和您的女儿一起玩一个下午，您会想要玩什么呢？"他们的第一反应往往是："我的女儿喜欢和芭比娃娃一起玩。"然后，我们继续提问："您想要玩什么呢？您想和自己的女儿玩些什么？"这一问题往往得不到答案，他们忘却了自己玩的时间，他们自己玩耍的乐趣被埋藏得太深！作为成年人——或许即使是孩子也不能自由并且无忧无虑地玩耍。然而，如果我们鼓励当事人允许自己重新去玩并探索自己的乐趣，那么最好的选择便是去玩那些他们之前喜欢并且现在愿意重新去玩的东西。我们上文提及的那位女儿喜欢芭比娃娃的当事人后来回忆道："昨天，我和我的女儿以及她的朋友一起踢了足球，那半个小时之内我们笑了很多次，我们从未如此开心过。虽然时间并不长，但我们过得很开心，她甚至最后还赢了我一分……"游戏过程中会产生许多意料之外的感觉。只需抽出半小时的时间，允许自己和女儿及其朋友一起玩一场游戏即可。感觉的产生其实很纯粹。

④ 成年人需要回顾自己的童年。

无论我们是否受过高等教育或是否是教育学专业出身，我们都曾在童年时期受过教育。那时的我们或许是十二岁、十五岁，又或许是十八岁了。童年时的经历对成年的我们而言是珍贵的资源，我们可以利用它们，也应该利用它们。例如，一位母亲说："我看不懂我十六岁女儿的心思。她特别任性，我实在受不了。我所做的一切都是错的。"治疗者会反问："您自己十六岁时想的是什么？"这位母亲一开始感到很惊讶，但随即对自己和女儿的相同之处感到惊慌失措："我所做过的一切都是错的。"另一位母亲因为十三岁的女儿越来越抗拒自己而感到失望："我感觉就像是自己在排挤自己。当我想要和她一起做些什么的时候，她会拒绝我。当我想和她说话时，她会打断对话。我实在束手无策，我不知道为什么会这样。"当她被问及自己与女儿相同年纪时的经历，她回忆说，那时的自己很孤独，她只想和自己的母亲有更亲密、更频繁的接触，但父母却总是忙到忽视了她。在后续谈话中，这位母亲下定决心要改变自己，不能像自己的母亲那样。她要试着多与女儿沟通和交流。但女儿缺少的并不是与母亲的交流，恰恰相反，她需要的是一种距离和空间。母亲想要在女儿身上"补偿"自己童年时期曾渴望得到的东西，却没有抓住女儿真正的需求，因此适得其反，这会令女儿产生抗拒心理。

我们经常会遇到这种相对于自身童年经历的相互联系；自身的童年经历会影响成年人对孩子的行为。它们应该被注意到，并随时加以利用。

⑤ 成年人需要的是"柔和"或变得"柔和"的意愿和能力。

成年人往往对自己，也对孩子很冷漠。我们在自己的感觉、情感回应和情感交际中变得冷酷无情。许多诸如教育者和孩子之间的一场权利游戏，以及在成年人的冷漠和胜负规则中使生活失去了乐趣的，往往是一些完全不同的东西。它们或许建立在不同的生物规律或时间体验之上，或许建立在恐惧或想要走出无助、孤独或压力的天真尝试之上。无论如何，重要的是，成年人能够重新变得柔和。为此，他们往往需要停下来，以便留心观察眼前的东西，用心去感受并关注自己想要感受的东西。有时我们需要让自己从尖锐的矛盾冲突中抽离出来，作为一个“旁观者”去观察，才能再次变得柔和。为了让自己变得柔和，不同的人所需要的东西是不同的。幽默、笑容和微笑始终能起到辅助作用。通常，我们需要其他人来帮助自己找到变柔和的方法，我们能够联想到的个人经历也能起到帮助作用。

乐器的弦一旦被绷紧，便无法发出声音。如果硬是要拨动它，那么这根弦就会断裂。要想发出声音，就必须释放一部分压力。要想更好地处理自身及孩子的感觉，重要的一步便是，试着变得柔和起来。